李宁娟 著

多维制度因素对企业创新影响机制的实证研究

西北大学出版社

图书在版编目（CIP）数据

多维制度因素对企业创新影响机制的实证研究／李宁
娟著．—西安：西北大学出版社，2023.12
ISBN 978-7-5604-5255-5

Ⅰ．①多… Ⅱ．①李… Ⅲ．①企业创新—影响因素—
研究 Ⅳ．①F273.1

中国国家版本馆 CIP 数据核字（2023）第 228086 号

多维制度因素对企业创新影响机制的实证研究

李宁娟　著

出版发行　西北大学出版社
（西北大学校内　邮编：710069　电话：029-88303996）
http://nwupress.nwu.edu.cn　E-mail: xdpress@nwu.edu.cn

经　　销	全国新华书店	
印　　刷	陕西隆昌印刷有限公司	
开　　本	787 毫米×1092 毫米　1/16	
印　　张	10.5	
版　　次	2023 年 12 月第 1 版	
印　　次	2023 年 12 月第 1 次印刷	
字　　数	195 千字	
书　　号	ISBN 978-7-5604-5255-5	
定　　价	45.00 元	

本版图书如有印装质量问题，请拨打电话 029-88302966 予以调换。

前　言

　　党的二十大报告提出了全面建设社会主义现代化国家的目标,加快构建新发展格局,实施创新驱动发展战略是实现这一目标的重要途径。企业创新是落实创新驱动发展战略的重要推手,也是实现高质量发展的驱动力。企业创新活动又内嵌于制度环境之中。构建有利于企业创新的制度环境成为实现创新驱动发展战略的源头活水,也是激励企业创新的重要支撑。制度组成是复杂的,既包含了正式制度因素,也包含了非正式制度因素,且不同制度因素在影响企业创新时可能存在互补或者是替代作用。因此,探讨不同制度因素如何影响企业的创新行为和创新结果就具有较强的理论意义和现实价值。

　　现有研究虽然已经认识到了制度因素对企业创新的重要意义,但是制度具有多面性、复杂性和变化性等特点,这导致现有研究缺乏对多种制度因素的综合考量;对制度因素的单一作用机制关注较多,相对较少地分析制度因素的多种作用机制;多聚焦制度因素在单一创新阶段的作用,相对较少地同时研究制度因素在创新产生和创新获利两个阶段的影响机制。这些研究局限的存在,表明现有研究就制度如何影响企业创新还未形成系统和明确的研究成果。针对这些研究问题,为全面探究多种制度因素影响企业创新的深层机制,在整合制度基础观和创新管理研究的基础上,本书构建了"制度因素—创新行为—创新结果"的理论模型。

　　我们认为制度既是企业面临的环境,也是企业可以利用的资源,会通过多重机制影响企业创新;在创新产生阶段,制度信任、制度支持和政治联系会直接影响突破性创新和渐进性创新,制度信任和制度支持的交互、制度信任和政治联系的交互也对两种创新有显著影响;在创新获利阶段,突破性创新正向影响新产品绩效,渐进性创新与新产品绩效的影响呈 U 形关系,三种制度因素也是保障企业占有创新利益的重要制度性权变因素,对两种创新与新产品绩效间的关系有调节作用。基于 165 家医药企业进行的问卷调研的数据实证结果表明,大部分研究假设都得到了支持。总体而言,本书基本达到了预期研究目的,明晰了三种不同制度组成对企业创新产生和创新获利的影响机制,主要创新点总结如下:

第一,在创新产生阶段,本书探讨了制度信任、制度支持和政治联系三种制度因素影响企业创新行为的深层机制。实证结果揭示,制度信任、制度支持和政治联系都对突破性创新具有促进作用,而只有政治联系对渐进性创新有直接促进作用;制度信任和制度支持的交互作用正向影响突破性创新和渐进性创新,但制度信任和政治联系的交互作用负向影响两种创新;进一步地探索性分析发现,政治联系对突破性创新的影响是经过制度支持的完全中介作用实现的,而其对渐进性创新的影响并没有经过制度支持的中介作用。基于此,本研究做出了两个重要理论贡献。一方面,不同于之前的创新管理研究局限于对一种或两种制度因素的探讨,本研究更全面地分析了多种制度因素对创新的作用机制,丰富了新产品开发研究中制度因素的范畴。另一方面,有别于多数现有研究仅局限于制度因素对企业创新的单一影响机制分析,本书在分析直接作用机制的基础上,深入挖掘了三种制度因素影响创新的交互作用机制和中介作用机制,深化了创新管理研究中对制度因素与不同创新模式之间关系的理解。研究结论对企业管理者综合利用不同制度因素制定创新战略有一定的指导意义。

第二,在创新获利阶段,本书区分了突破性创新和渐进性创新对新产品绩效的不同影响,明确了企业获取创新利益的新的制度情境因素。一方面,以往研究多从线性关系的角度分析突破性创新和渐进性创新与新产品绩效之间的关系。本书的研究结论显示突破性创新与新产品绩效正相关,而渐进性创新与新产品绩效非线性的 U 形关系,在理论上打破了以往创新管理研究局限于创新和绩效之间线性关系的固有思维,在实践中有助于更好地理解不同创新模式与新产品绩效之间的关系。另一方面,本书的研究结论表明,并非所有制度因素都能确保企业占有创新利益,只有制度信任正向调节了两类创新与新产品绩效之间的关系,而制度支持和政治联系的调节作用不显著。对三种不同制度因素在创新获利阶段调节作用的研究,丰富了创新管理研究中企业获利的边界条件范畴。本书对企业管理者利用制度因素获取更多创新利益有一定的指导作用。

第三,本书对理论模型"制度因素—创新行为—创新结果"的分析和检验也对制度基础观有一定贡献。一方面,本书将制度基础观应用到了创新管理研究领域,构建了两个理论间沟通的桥梁,在宽度上扩展了制度基础观的应用范畴。与以往研究相比,本书不仅研究了制度因素对创新产生的直接作用,而且检验了制度因素影响创新产生时可能存在的交互作用,也分析了制度因素在创新获利阶段的调节作用。本书对制度因素影响创新的多重作用机制的研究,在研究深度上对制度基础观进行了拓展。另一方面,本书在理论模型中引入了"制度信任"概念,弥补了现有制度理论研究中忽视企业自身对外部约束性正式制度环境认知的不足。在重新界定制度信任维度的基础上,本书的研究结论揭示制度信任在创新产生阶段通过直接作用、交互作用影响两种创新,在创新获利阶段则会正向调节两种创新与新产品绩效之间的关系。此外,本书以中国医药企业为样本进行实证检验为制度基础观提供了基于中国情境的实证证据。本书对进一步通过制度改革构建有利于企业创新的制度环境有一定指导意义。

　　本书在完成过程中受到了陕西省社会科学基金项目"规制性和资源性制度因素对陕西省制造业企业绿色创新的影响研究"(项目号 2020R056)资助,特此感谢!

　　(说明:本书中所涉及企业信息、商品信息仅为教学科研使用)

目录

目 录

第一章 研究背景:企业创新与制度因素　1

第一节　以医药企业为例理解制度与创新　2

第二节　相关理论基础　8

第三节　研究问题和研究意义　15

第二章 理论基础:如何理解制度因素与企业创新　19

第一节　制度理论　19

第二节　创新管理研究　26

第三节　制度信任研究　35

第四节　制度支持研究　45

第五节　非正式制度因素　50

第三章 理论机制:概念界定和假设论述　57

第一节　研究变量界定　57

第二节　理论模型构建　61

第三节　研究假设论述　68

第四章 研究设计:数据收集和研究方法 91

第一节 数据收集设计 91
第二节 统计分析方法 100

第五章 实证检验结果 107

第一节 信度和效度检验 107
第二节 假设检验结果 112

第六章 研究结果讨论与研究意义 125

第一节 实证结果讨论 125
第二节 主要研究结论 138
第三节 研究的理论意义 139
第四节 研究的实践意义 143

参考文献 147

第一章　研究背景: 企业创新与制度因素

中国企业正面临全球化竞争和产业结构升级的挑战,创新是企业应对这些挑战最重要的战略选择。在国家层面,那些能为企业创新提供有效制度环境的国家经济增长动力更强。报告提出,"完善科技创新体系""加快实施创新驱动发展战略""深化科技体制改革,深化科技评价改革,加大多元化科技投入,加强知识产权法治保障,形成支持全面创新的基础制度"。可见,我国开始强调创新导向型的经济发展模式。因此,构建能够有效驱动企业创新的制度环境是新时期的重要任务。

那么,制度因素是如何影响企业创新的呢? 回答这一问题的本质在于探究多种制度因素影响企业创新的深层机制。对企业管理者而言,如果没有对这一问题进行深入而明确的理解,企业就难以有效地制定创新战略、获取创新收益。对各级政府政策制定者而言,如果没有对这一问题深入和清晰的理解,政府就难以评估与企业创新相关的各项法律法规、支持政策的有效性。此外,这一深层机制的探究也为进一步构建有利于企业创新的制度系统、明确制度改革方向提供了适合中国情境的理论分析和实证检验。然而,以往的企业创新管理研究多局限于分析资源因素、能力因素等对企业创新战略的影响,而对多种制度因素影响企业创新的深层机制仍未进行深入分析。为推动经济结构转型,也为了在全球范围内更有效地竞争,中国的制度系统必须更有效地激励企业创新。因此,回答这一问题具有较强的实践紧迫性。

回答这一问题,也必须结合中国企业的管理实践。与西方发达国家相对稳定的政治、经济和社会规范体系相比,中国的制度变革仍处于不断推进的过程中(Hoskisson 等,2000;Li 等,2008;Sheng 等,2011;Tsui 等,2004;Peng 等,2009)。中国区别于西方发达国家的这些制度特点深刻影响企业运营的商业环境,不仅为企业的创新实践带来不同于西方发达国家的问题,也对既有的基于发达国家的管理研究结论在中国情境下的应用带来新的挑战(Sheng 等,2011)。因此,有必要以中国企业为样本,探究制度因素影响企业创新的深层机制。

本研究以中国医药企业为研究样本,在整合制度基础观、创新管理研究、制度信任理论的基础上构建了"制度因素—创新行为—创新绩效"的理论模型,以探究制度信任、制度支持和政治联系三种不同制度组成对企业突破性创新、渐进性创新和新产品绩效的深层影响机制。本研究不但为回答上述问题提供基于中国情境的答案,也具有重要的理论和实践意义。

第一节　以医药企业为例理解制度与创新

近年来中国在创新领域取得了显著进步。一方面,中国的全球创新指数排名稳步上升。2016 年中国在全球创新指数排名第 25 位,2017 年则排名第 22 位。① 另一方面,许多企业,特别是高科技技术企业投入大量资金进行创新。企业年报显示,2017 年华为公司研发费用 897 亿元,阿里巴巴 170 亿元,腾讯 118 亿元。这些互联网高科技企业已经成为中国企业创新的标杆,不但在国内市场占据主导地位,而且具有较强的全球竞争力。然而,与这些互联网高科技企业相比,医药企业的创新仍然比较薄弱,在全球市场中难以与发达国家的跨国制药巨头展开竞争,在国内市场中难以充分满足患者对创新药品的需求。医药创新不仅需要企业投入大量研发资金,还需要政府构建有利于企业创新的制度环境。在这种情况下,研究制度因素影响医药企业创新的深层机制就成为一个重要课题。

1.1.1　医药企业制度因素对创新的影响

医药产业产品更新换代快,竞争激烈,如果不进行创新,企业很难生存下去。从以下几点分析可以看出,与其他产业相比,医药企业创新受到制度因素的影响更加突出。

1.医药创新受到正式制度的严格规制

医药产品关系到患者的生命健康,为保证新产品开发的可靠性和高效性,医药创新受到正式法律、法规的严格规制。药物规制制度指国家和地方为保证药品的安全、有效、质量可控而制定的创新药物研发的法规政策,其中包括药物注册审批政策、药物定价制度、医保政策等。

如图 1-1 所示,医药产品开发过程包含几个序贯的阶段:临床前研究、临床试验(包含一、二、三期)、药物批准上市、四期临床试验。在企业新产品开发过程中,医药企业需要按照《药品非临床研究质量管理规范(GLP)》进行临床前试验,之后向国家

---

① 2017 年全球创新指数发布中国排名上升至第 22 位[EB/OL].[2023-08-11].https://www.gov.cn/xinwen/2017-06/19/content-5203712.htm.

图 1-1 生物医药产品创新流程

食品药品监督管理局(CFDA)提交临床试验申请,获得"药物临床试验批件"后企业针对候选药品组织临床试验。三期临床试验结束后,医药企业向 CFDA 申请上市许可,CFDA 则根据《药品注册管理办法》确定是否允许企业开发的新药生产和上市销售。新药上市后,医药企业还需要开展四期临床试验,以检验药物疗效、适应症、不良反应和治疗方案,以指导临床合理用药。

以上分析,使我们认识到,与其他相对较少受到正式制度限制的产业相比,医药企业的创新活动受到更多正式制度因素的限制和约束。企业是否信任外部约束性制度环境,可能直接决定企业是否有动机去进行创新活动,也决定企业能否占有创新价值。

2.医药创新需要制度支持的激励

制度支持是各国政府经常采用的促进企业创新的重要制度工具。从企业的角度看,在创新产生阶段,制度支持为企业的创新活动提供了更多的可支配资源,在一定程度上缓解了资源匮乏对企业创新的约束;在创新获利阶段,制度支持也可能保障医药企业产品顺利进入医保目录,为创新产品的营销活动提供一定的资源支持。

为促进医药企业创新,政府机构出台多个制度支持组合。一方面,政府机构制定了比较宏观的支持政策。2009 年国务院发布《促进生物产业加快发展的若干政策》,将生物医药产业看作是制度支持的重点。2012 年发布的《医药工业"十二五"规划》将医药产业定义为战略性新兴产业。2016 年 10 月发布的《医药工业发展规划指南》提出要把握产业技术进步的方向,瞄准市场需求,推进生物药等重点领域发展。2018 年 CFDA 和科技部联合发布了《关于加强和促进食品药品科技创新工作的指导意见》,目的是推动医药企业产品创新、提高产品质量,以及加快医药产业结构转型升级。另一方面,为推动突破性创新药物的研发,完善国家药物创新体系,提升自主创新能力,中国从 2008 年开始实施"重大新药创制"科技重大专项。这一专项支持计划的实施在促进医药创新方面成绩非常突出。截至 2017 年 11 月,新药专项共资助1641 个项目(课题),投入 143 亿资金,94 个得到资助的医药创新品种获得新药证书,其中 28 个是创新性较高、首次上市的一类新药。[①]

此外,为促进医药企业融资,2018 年 3 月发布的《国务院办公厅转发证监会的关

---

① 落楠.重大新药创制进入冲刺阶段[N].中国医药,2017-08-29.

于开展创新企业境内发行股票或存托凭证试点若干意见的通知》,明确营业收入增速较快、拥有自主研发产品的医药企业在没有实现盈利的情况下,符合一定条件后可以申请IPO上市。这一制度支持政策的实施有利于医药企业为开发新产品更便利地从资本市场融资。

3.医药企业创新难以隔绝政治联系这一非正式制度因素的影响

长期以来,中国形成了典型的关系型社会,人与人之间的关系在商业实践中起到促进交易的作用,也是合作关系重要的治理机制(Peng 等,2000;Peng,2003)。近年来,许多企业设立了首席政府关系官,协调企业与政府间的关系,搭建企业与政府沟通的桥梁,帮助企业寻求政府支持。尽管中国的制度转型和经济自由化改革不断发展,然而一些学者认为政治联系仍然起到重要作用(Shi 等,2013)。医药创新过程中,政治联系有利于企业管理者更准确地理解医药审批制度,也可能为企业的创新药品审批提供了一定的便利,也是企业获取政府提供的创新资助的重要途径。

1.1.2 创新是企业成长的根本选择

第一,医药创新是中国由制造业大国向制造业强国迈进的重要组成部分。《中国制造2025》提出,到2025年我国要在生物医药领域自主研制出一批防治重大疾病、拥有自主知识产权、国际影响力较大的重大新药,并争取加快国产药的国际化发展进程。

第二,医药创新有助于降低药品价格,打破看病贵的局面,在为患者提供优质优价的药品和治疗技术上起到关键作用。例如,海正药业的创新产品"安诺比"是"国家重大新药创制"项目的研究成果,在同等质量条件下极大降低了药品价格,其价格比国内生物制剂减少30%,是外资企业同类制剂的1/4。[①] 因此,医药创新是实现党的十九大报告提出的"健康中国战略"的重要路径。

第三,中国企业正面临着越来越严峻的产业结构转型升级和提升竞争力的挑战。在国际市场上,中国医药企业的出口产品主要是原料药和低端的医疗器械。在国内市场上,中国医药企业以仿制药生产为主,而具有自主知识产权的创新药、原研药相对较少。中国97%的国产西药为仿制药,外资企业或合资企业在创新性较强的专利药和原研药上占据主导地位。

技术创新、优化产品结构能够帮助医药企业逐渐从简单仿制跨越到自主创新,进而提高核心竞争力。在实践中,医药企业需要同时进行突破性创新和渐进性创新。一个成功的原研药品上市后,对原研药的改进和仿制主要是渐进性创新,也对医药企

---

① 李刚毅,陈金荣.海正药业:创新驱动发展新引擎[EB/OL].[2018-02-07].http://firm.wovkercn.cn/4971201509/07/150907113059635.shtml.

业有较高价值。例如,ACE 抑制剂是一种治疗高血压的药品,1981 年首次在美国上市,之后有超过 10 个 ACE 仿制药品上市。① 多西他赛是赛诺菲公司的主导产品之一,可用于治疗乳腺癌、非小细胞肺癌和卵巢癌。2003 年,恒瑞药业仿制的多西他赛上市,售价比赛诺菲销售的多西他赛低 70%,迅速占据市场优势、降低了药品价格、提高了患者对这一药品的可及性。② 然而,只有渐进性创新是不够的。在全球化深入发展、中国产业结构升级也不断推进的背景下,企业不仅有融合各种技术进行突破性创新的机会,同时也面临着被其他企业的突破性创新所颠覆的威胁。仅仅关注渐进性创新,忽略突破性创新会使企业在技术快速发展的新形势下逐渐丧失竞争优势。因此,很多优秀医药企业的在研产品线不仅包含渐进性创新项目,也包含比例较高的突破性创新项目(Alexander 等,2014;Barczak 等,2009)。近年来,医药创新的主流是在基础研究新突破的指引下,针对疾病调控的新机制、药物作用的新靶标开发新的医药品种。③

渐进性创新有利于企业更大限度地利用已有产品,突破性创新则为跨越式发展提供了动力。比较典型的例子是海正药业依靠创新实现了由原料药生产企业转型升级成创新药品为主导的企业。海正药业一方面通过渐进性创新改造传统的化学原料药生产线,另一方面加大突破性创新药品的探索和开发力度。在渐进性创新上,2017年海正药业投入 11 亿元对生产线进行智能化改进,使人均劳动生产效率提升 2 倍以上,单位生产耗能降低超过 10%(李刚毅等,2015)。在突破性创新上,海正药业拥有自主知识产权的第一个创新药 HS-25 已在美国和中国同步进行二期临床试验。

1.1.3　中国医药企业创新面临的问题和挑战

第一,中国医药企业创新与世界先进水平存在较大差距,大部分企业将创新重点放在仿制药领域,而对创新性较高的原研药开发投入不足。中国大部分医药企业研发投入占销售额的比重少于 2.7%,而美国医药企业则在 15%~20%(Rezaie 等,2012)。截至 2018 年 5 月,年报显示 2017 年 A 股上市医药企业中,81 家医药企业的研发投入超过 1 亿元,其中恒瑞医药研发投入 17.59 亿元居第一位,复星医药的研发投入为 15.29 亿元居第二,这两家企业是仅有的研发投入超过 10 亿元的企业。尽管一些医药企业不断加大研发投入,但是与跨国医药企业相比,中国医药企业的研发投

---

① Gonzalez, Paula, Perez-Castrillo, et al. Private versus social incentives for Phamacentical innovation[J]. Journal of health economics, 2016,(50):286-297.

② 倪文昊.恒瑞药业:最成功的研发驱动型制药企业[J].股市动态分析,2006,(21):35-36.

③ 陈凯先.努力从医药业制造大国向医药创造强国转变(审时度势).[EB/OL][2018-02-27].http://opinion. people.com.cn/nl/2016/1030/c1003/28818518.html.

入仍然是非常低的。2017 年全球前 50 位的医药企业研发投入达到 1218 亿美元,其中罗氏公司的研发费用达到 91.81 亿美元,赛诺菲公司的研发投入达到 83.60 亿美元,诺华公司的研发投入达到 78.23 亿美元,辉瑞公司的研发投入达到 76.2 亿美元。①销售额前 5 位的跨国医药企业的研发投入均高于 10%,其中默沙东的研发投入占销售额的 27.44%,达到 75.63 亿美元。而 2017 年中国医药企业百强的研发总投入仅316 亿元,占营业收入的比例仅为 4.2%,不及辉瑞公司一家研发投入。医药产品创新,特别是创新性较高的原研药品的开发常常需要投入巨额资金,许多创新药品的研发成本超过 10 亿美元。因此,在研发投入相对较低的情况下,中国医药企业很难开发出创新性较高的专利药,而更多企业利用有限的资金着重进行仿制药研发。此外,邵云飞、詹坤和汪腊梅(2016)对 29 个省市医药投入与产出面板的数据进行分析发现,技术创新效率低也导致中国医药产业整体创新效率滞后。

第二,医药企业创新面临着来自国内外激烈的竞争。一方面,2018 年 5 月 CFDA 会同卫生健康委发布《关于优化药品注册审评审批有关事宜的公告》,简化境外上市新药在中国上市的审批程序。从 2018 年 4 月 16 日到 6 月 15 日,已有 7 个境外新药上市。这一制度的推出和执行将极大提高境外上市的新药产品引入到中国市场的速度,这将对国内医药企业的创新进度产生较大冲击。如果不加快创新,许多市场必然被跨国医药企业挤占,留给国内医药企业生存的空间更小。另一方面,在国际市场上,中国医药企业面临贸易战的冲击。2018 年 4 月 4 日美国贸易代表办公室公布总额 500 亿美金的商品关税加征清单,其中包括百余项医药产业相关产品。对中国医药产品加征关税必然导致中国医药企业的创新产品出口产品价格上升,在美国市场的竞争力有一定程度的下降,进而导致出口量的降低。

第三,医药企业的创新必须聚焦在创新性更强的突破性创新和改进幅度更大的渐进性创新上。2017 年 12 月 CFDA 发布了《关于鼓励药品创新实行优先审评审批的意见》,明确了以危重疾病和临床需求为导向,对具有明显临床价值等 3 大类 18 种情形的创新药和临床急需、市场短缺药品优先审评审批。2018 年 5 月 1 日起中国将包括抗癌药品在内的 28 类药品的进口关税降为零。审批制度的变化和关税的降低使得跨国医药企业新药进入中国市场的便利度提升。在这种情况下,一方面,如果企业仅仅进行低水平渐进性创新,仅仅对现有药品进行微弱改进,是难以与新引入的创新药品竞争的。此外,低水平渐进性创新药品在质量和疗效方面可能与原研药品相比存在一定差距,难以得到国家食品药品监督管理部门的审批上市,反而要消耗企业大量的资源。而高水平渐进性创新则在质量和疗效上都使得现有产品有了较大幅度改进,对企业应对跨国医药企业的激烈竞争,满足细分市场中的顾客需求,提高企业绩

---

① Christel M. Pharm Exec's Top 50 Companies 2018 [M]. PharmaExec.

效水平也是能够起到较大促进作用的。另一方面,国外上市的新药加快在中国境内上市,也迫使中国医药企业必须专注创新性更强的突破性创新药物。只有研发创新性更强的突破性创新产品,企业才能满足未被满足的顾客需求。

第四,近年来,与医药创新密切相关的新的制度不断建立,旧的制度也不断改革,快速变化的制度环境使医药企业创新面临较高的制度不确定性。2015 年 8 月国务院发布《关于改革药品医疗器械审评审批制度的意见》;2015 年 11 月 CFDA 发布《药品上市许可持有人制度试点方案》;2016 年 3 月国务院发布《关于开展仿制药质量和疗效一致性评价的意见》;2016 年 3 月 CFDA 发布《化学药品注册分类改革工作方案》,对新药的定义从"中国新"提升至"全球新";2017 年 5 月 CFDA 发布《关于鼓励药品医疗器械创新保护创新者权益的相关政策(征求意见稿)》,就建立专利链接、试验数据保护等与医药知识产权相关的制度改革征求意见。一方面,快速变化的制度环境使得医药企业在开发新产品时,无论是突破性创新产品,还是渐进性创新产品,在开展临床试验获取药物有效性的数据、准备新产品的注册资料、新产品申请上市、谋求新产品进入医保目录等方面都面临较大的不确定性。另一方面,日趋严格的医药管理制度,增加了医药企业新产品开发失败的概率,也增加了新药研发的成本。对医药企业而言,制度变革不仅意味着创新成本的提高,也意味着新的机会。日趋完善的医药管理制度有利于保护企业的创新成果,特别是在专利链接、试验数据保护等方面的制度改革,都为医药企业进行创新提供了更完善的制度保障。此外,CFDA 多项制度改革强调要加快审评审批速度,也为医药企业的创新提供了一定便利。

1.1.4 现实背景总结

国家间竞争日益加剧、要素流动高度自由的今天,制度竞争是国家竞争的重要内容,它能够更有效地驱动企业创新的制度环境,是国家竞争优势的重要来源。尽管中国政府在药品审评审批改革、保护医药企业知识产权、为医药企业创新提供资助、建立医药创新产业园等多个方面进行了努力,医药企业的创新也取得了一定成效,然而与发达国家的大型跨国医药企业相比,中国医药企业的创新能力仍然比较薄弱。在这种情况下,从政府的角度看,进一步制度改革的方向在哪里,通过何种形式的制度改革能够更有效地提高医药企业创新积极性? 从企业的角度看,如何跟随制度改革的步伐,有效利用多种不同制度因素,推动企业创新战略的实施并获取创新收益? 回答这些问题,需要更全面、更系统地探究多种制度因素影响企业创新的深层机制。一方面,需要同时分析多种制度因素;另一方面,需要深入分析不同制度因素影响企业创新战略选择的直接因素,也需要分析不同制度因素如何交互影响创新,还要检验哪些制度因素更有助于企业具有创新价值。

第二节 相关理论基础

本研究意在探究不同制度因素如何影响企业创新,与此相关的理论包括制度理论、创新管理研究、制度因素对创新的影响、制度信任研究、现有研究的局限等。

1.2.1 制度理论

North(1990)认为制度是人为设计的、形塑人们互动关系的约束,是社会的博弈规则。早期阶段,学者们将组织看成是嵌入到制度环境中的。从组织的角度看,制度是理所当然存在的、约束企业行为的规则,制度框架向组织传递何种选择是可接受的、可获得支持的。组织通过强制同型、模仿同型和规制性同型的制度化过程应对正式和非正式制度压力,获取合法性(DiMaggo 等,1983)。然而,这些观点多强调组织对制度的被动服从。后来,学者们逐渐认识到制度环境并不是一个"铁笼子",企业可以采取积极主动的战略去改变甚至创造制度环境。Oliver(1991)整合资源依赖理论和制度理论提出了制度反应战略框架,突破了以往制度理论忽视组织能动性的局限,认为组织可以采取默许、妥协、逃避、反抗和操纵 5 种不同战略应对制度压力。

近年来,新兴经济背景下的制度变革与企业战略发展相互影响,以 Peng(2003)为代表的学者逐渐意识到制度并不仅仅是限制企业行为的背景因素,也可能直接决定企业的战略选择。他们结合新兴经济国家的制度实践,在整合经济学(North,1990;Williamson,1985)、组织社会学(DiMaggio 等,1983)两个领域的制度理论研究的基础上,提出了制度基础观(Institution based view,IBV)。

Peng(2003)指出,在一个经济体中,制度通过降低不确定性和建立稳定的结构降低交易和信息成本,因此,制度安排影响企业的战略选择。在一个社会中,正式和非正式制度以及制度变革塑造了企业行为、绩效。从制度基础观的角度出发,制度因素被看作是影响企业战略选择的内生变量。对知识、创新和新产品开发的投资是企业最重要的战略选择,因为创新能够提高企业绩效、推动企业成长、促进技术的扩散。因此,制度基础观可以更好地解释新兴经济国家中的企业战略问题,特别是企业创新问题。

1.2.2 创新管理研究

1.突破性创新和渐进性创新

现有文献对创新有不同分类方式,其中渐进性创新和突破性创新是最常使用的分类方法。突破性创新指与企业当前技术或市场领域距离较远,能从根本上改变其技术轨迹和组织能力的创新。渐进性创新是基于企业现有知识、能力、技术轨道、产品市场的改进型创新。

研究表明,企业需要平衡两种创新模式(He 等,2004;March,1991),即同时进行较高程度的突破性创新和渐进性创新。组织面临的基本问题是在充分利用现有能力的同时,投入足够的资源去探索新的能力,确保企业的未来生存(March,1991)。企业将全部的资源和能力投入到渐进性创新中,忽视对新产品、新技术和新工艺的探索,会导致企业陷入"能力陷阱",可能会威胁企业的长期生存。企业过度投入突破性创新,忽视渐进性创新,可能对短期生存产生不利影响(March,1991)。平衡突破性创新和渐进性创新有利于企业的短期生存,也能够确保企业的长期竞争优势。O'Reilly等(2011)将能够平衡探索和利用两种创新的组织定义为双元组织,他们认为双元性企业既有能力在成熟市场竞争,又有能力开发新产品去占领新兴市场。

医药产业是一个知识密集型的产业,创新是企业的生命线。在医药产业中,新分子实体(New molecular entities,NMEs)代表了重要的突破性创新产品,而对现有药品的改进代表了重要的渐进性创新(Berndt 等,2006)。例如,Zantac(Ranitidine)是一种组织胺 H2 受体拮抗剂,最初被批准用于治疗胃泌素瘤(Zollinger-Ellison Syndrome)和对十二指肠溃疡的短期治疗(仅供在急性症状中使用)。通过渐进性创新,扩大适应症,该药品可用于治疗食管反流病(GERD,一种严重但常见的烧心症状)和糜烂性食管炎。除了扩大适应症,对已有药品改进配方、给药方法和剂型也是重要的渐进性创新形式。

2.创新管理分析的理论视角

创新管理问题的研究并没有主导理论,学者们在分析企业创新时经常整合不同理论视角。本研究的研究焦点是探究制度信任、制度支持和政治联系三种不同制度因素对企业创新行为和创新结果的影响机制,为突出主要研究问题,在此重点介绍与后续分析相关的几个理论分析视角。

第一,资源基础观是分析企业创新的重要理论视角之一。资源基础观(Resource based view,RBV)将企业看成是由有形和无形的异质性资源组成的实体,提出有价值的、稀缺的、难以模仿的和难以替代的内部资源是企业竞争优势的来源(Barney,1991)。企业可以利用的资源为创新活动提供了支撑,解决了创新过程中的资源限制,有利于缓冲创新失败的风险。许多学者从资源基础观的视角分析了政治联系、制度支持、营销资源、顾客参与和供应商参与、研发资源和销售支出对企业突破性创新或渐进性创新的影响。

第二,能力视角是 RBV 理论的重要延伸。能力从本质上讲是一种组织惯例,或者是几个相互作用的组织惯例。能力的产生不是简单地组合一系列资源,还涉及人和人之间的协调、人和资源的协调。核心能力（Prahalad 等,1990）、动态能力（Teece,1997）、吸收能力（Cohen 等,1990）在创新管理分析中应用较多。

第三,创新需要企业内部和外部的知识流动,因此知识和组织学习也是学者们应用比较多的视角。创新过程也是组织学习和知识创造的过程。Dunlap-Hinkler 等（2010）从组织学习视角的研究发现,过去成功的突破性创新记录能够增强现阶段突破性创新的成功率;非仿制性渐进性创新经验则对现阶段突破性创新的概率没有显著作用;企业在仿制药方面的成功经验会阻碍突破性创新。

第四,创新获利理论视角。Teece（1986）首次提出了创新获利理论（Profiting form innovation,PFI）,以解释企业技术创新和利润获取之间的关系。他认为独占性机制、互补性资产和主导设计是影响创新收益的三个关键因素。知识产权制度是保护企业创新成果最典型的外部独占机制,也反映了外部法律法规的完善程度。较低的产权保护水平,难以有效抑制和惩罚窃取或者侵占他人研发创新成果的机会主义行为,甚至可能会鼓励这种损害创新的行为。

1.2.3 制度因素对创新的影响

在意识到技术创新对生产力提高的强大促进作用之后,创新成为中国国家战略的优先发展项目,各级政府采取多种制度工具鼓励企业加大对创新的投资。然而,制度环境是复杂的,分析制度因素对企业创新的影响,既要考虑正式制度因素,也要考虑非正式制度因素,还需要区别起到约束作用的正式制度因素和起到激励作用的正式制度因素。单独分析任何一种制度因素都难以全面刻画制度影响创新的深层机制。

现有的制度理论分析中,North（1990）提出的正式制度和非正式制度是使用比较广泛的分类方法。第二种分类方法是 Scott（1995）提出的三支柱（Three-Pillar）框架,他将制度划分为规制性制度、规范性制度和认知性制度。无论以何种方式对制度进行分类,制度都大致起到两种功能:一是在给定的环境中规制和约束个人或组织的行为;二是激励个人或组织的特定行为。

文献分析发现,制度信任、制度支持和政治联系三种制度因素在创新产生和创新获利阶段都起到一定作用。

第一,制度支持,也称"政府支持",是由政府发起的并由其行政主管部门执行的（Shu 等,2016）,代表了起到激励作用的正式制度因素。制度支持有多种类型,包括税收减免、政府研发资助、促进企业特定行为和活动的具体项目。张春辉等（2011）基于演化博弈论的分析认为,创新投入补贴和创新产品补贴提高了企业实现突破性创新的可能性,降低了企业选择渐进性创新模式的可能性。Wei 等（2015）的研究发现,垂直政府支持能促进特定企业或者是产业的创新投入,而水平政府支持则能够改善企业创新的外部环境。Szczygielski 等(2016)对土耳其和波兰企业的研究发现,政府对 R&D 活动的资助对两国企业的创新绩效都起到促进作用。Doh 和 Kim(2014)对韩国企业的研究发现,政府支持对中小企业的专利获取和新设计注册都有正向影响。

第二,政治联系指企业管理者与各级政府部门的管理人员建立的非正式关系,代表了一种非正式制度因素。一些学者认为当正式制度系统不完善时,企业与政府官员间形成的非正式私人联系可以替代不完善的制度环境,促进商业交易(Peng 等,2000;Sheng 等,2011)。此外,政治联系能够提高企业政治合法性也是许多学者论述政治联系作用的重要出发点。政治合法性起到帮助企业获得政府的优惠待遇和认可的作用(Sheng 等,2011)。

一些学者分析了政治联系在创新产生和创新获利阶段的影响,但并没有得出一致性结论。Wu(2011)对 766 家中国企业进行研究发现,商业联系正向影响企业产品创新;政治联系与产品创新之间呈倒 U 形关系,因为随着维持政治联系所要花费的成本的提高,其对产品创新的促进作用降低。Li 等(2001)对中国新技术创业企业的研究发现,政治网络能够增强创新战略和绩效之间的关系。Guo 等(2014)的研究探索了制度支持、规制合法性和机会识别在政治联系和企业绩效之间引起的中间机制问题。王永建等(2015)对 206 家企业进行研究发现,政治联系对财务绩效有正向影响,对创新绩效的影响不显著。

第三,企业对突破性创新和渐进性创新的战略选择还受到企业对外部正式制度环境的感知信任的影响。正式的法律、法规起到了规制企业和个人行为的作用。无论是早期的制度理论(DiMaggio,1991;North,1990),还是 Peng(2003)提出的制度基础观,在分析制度对企业行为的影响时都忽略了企业对制度环境的认知的作用。然而,制度不仅仅是简单地从上到下的强制工具,它们的效率依赖公众和企业对制度的信任态度(王永健等,2015)。制度首先要具有可信性,以使它们能够创造一种"信任氛围"(Six,2014)。Bachmann 和 Inkpen(2011)指出,制度信任是商业环境中个体或者是集体行为人在面对具体制度安排时发展起来的信任。只有个人或组织信任制度规则,他们才愿意遵守制度要求,并依据制度规范选择战略行为。探索制度因素影响企业创新的深层机制,将制度信任纳入本研究的理论框架中,有助于解释不同企业对外部制度环境的差异化认知如何影响企业的创新战略决策,也有助于在外部正式制度环境和企业内部战略决策间搭建起连接的桥梁。

第四,Teece(1986)指出,企业能否占有创新利益,受到外部制度环境的影响。因此制度因素可能也是保障企业获取创新利益的重要因素。当外部制度环境中的知识产权制度能有效保护企业创新成果时,企业能够占有更多创新利益。

综合分析现有文献,制度理论是学者们分析制度因素影响企业创新的主要理论视角,然而,越来越多的学者也将资源基础观、能力视角、知识视角等与制度理论相结合,以进行更深入的论述。在创新管理研究中,制度支持和政治联系是分析比较多的制度因素(Shu 等,2016;高山行等,2016),而对法律、法规组成的约束性正式制度因素影响企业创新的作用机制仍有待深入研究。

1.2.4 制度信任研究

现代社会中,人们对制度信任的依赖越来越大(张维迎,2003;杨中芳等,1999)。Fukuyama(1995)认为现代社会的信任主要来自对制度系统的信任。Bachmann(2011)强调"信任分析最重要的问题是,将信任与商业关系嵌入的制度环境联系起来进行研究和分析"。因此,将制度信任纳入本研究的研究框架中,并分析其在企业创新产生和创新获利阶段的作用呼应了 Bachmann 的上述观点。

1.制度信任的定义

学者们对制度信任在理论上和实证上的研究仍然处于探索阶段,由于研究情境、理论出发点不同,现有研究对制度信任的定义并不统一。一些学者对制度信任的定义强调制度是信任的客体(Hain 等,2014);另一些学者强调制度为信任的基础,即制度结构的存在是组织信任和人际信任产生的基础(McKnight 等,1998;Bachmann 等,2011;Zucker,1986);还有一些学者采用系统信任来描述组织或个人对法律、规范等制度构成的整体系统的信任(Giddens,1990;Luhmann,1979)。

Möllering 等(2015)对制度信任的含义进行了总结,认为制度信任有三个相关意思。第一,对制度(或机构)的信任,指制度(或机构)是被信任者。例如,公民信任法庭。第二,制度能够支持信任者和被信任者之间的信任,这被称为制度为基础的信任。在这里,制度被看作第三方担保人,必须受到信任者和被信任者的信任以完成它的作用。第三,制度化的信任是指在一个社会系统中,信任他人是一种规范,人们可以依赖这种规范。

尽管不同学者对制度信任的认识存在一定差异,但是追本溯源,制度规则的存在本身就是为组织间的交易行为提供一定的结构保障,通过惩罚措施降低机会主义行为对交易和经济的破坏。从这个意义上讲,企业在决定是否进行创新、选择何种创新模式、与哪些组织合作共同进行创新时,都依赖企业对外部正式制度的信任,即企业在进行创新决策时,首先要评估自身是否信任外部正式制度环境。如果企业信任外部正式制度环境,那么企业的创新投入、创新产出就可能得到有效保护,企业就愿意进行创新。相反,如果企业不信任外部正式制度环境,企业则可能认为未来的创新投入、创新产出受到侵占的可能性比较大,或者是企业创新产品的审批充满不确定性,企业就可能会降低甚至放弃创新投资。因此,本研究参考 Möllering 等(2015)的研究将外部正式制度看成是企业信任的客体,本研究认为制度信任反映了企业对外部约束性法律、法规组成的正式制度环境的感知信任程度。

2.制度信任的维度划分

分析制度信任在企业创新过程中的多重作用,需要明晰制度信任的维度。Zucker(1986)对制度信任在美国经济发展中的重要作用展开了深入分析,但并没有明确划分制度信任的维度。McKinght 等(1998)提出制度信任由结构保证和情境正常两个维度组成。以此为基础,很多学者设计量表从实证上分析制度信任与其他因素之间的关系。Pavlou 等(2004)研究 B2B 在线交易中的制度信任时,将制度相信划分为监控有效性认知、反馈有效性认知、认证有效性认知、契约有效性认知、规范有效性认证 5个维度。

总结而言,现有文献对制度信任的维度划分主要建立在 McKnight 等(1998)研究的基础上,实证研究多集中在电子商务领域,而学者们对制度信任在企业层面起到何种作用,或者制度信任如何影响企业创新行为仍未展开深入分析。

3.制度信任的作用机制

制度信任的建立和作用依赖制度结构本身有效地发挥,制度信任越高,企业越相信正式制度能够保障企业利益。总结现有研究,可以发现制度信任起作用的机制可能包含:第一,制度通过控制机制降低机会主义行为发生的概率,增强个人或组织对确定性结果的感知,促进人际信任或者是组织间信任的形成和发展。企业制度信任越高,越相信合作伙伴不会进行机会主义行为。第二,制度通过制裁和惩罚限制机会主义行为,维持交易秩序。正式法律制度明确界定了哪些行为是合适的,哪些行为会受到法律的制裁和惩罚。企业制度信任越高,越相信外部制度环境能够有效保护企业创新成果,越相信制度能够及时有效地惩罚侵害企业创新成果的个人或企业。第三,制度在功能上等同于第三方担保人,能够降低被信任者不可信行为的风险,使个人或组织找到信任他人的理由。第四,信誉机制也是制度信任发挥作用的重要机制。根据 Bachmann 和 Inkpen(2011)的观点,法律法规、职业规范等制度提供了声誉、雇佣合同的标准、其他正式和非正式的行为规范。对这些制度结构的信任建立在良好声誉的基础上。第五,制度信任促进了个人或组织对规则的共同理解和共同期望。Kramer(1999)认为制度为基础的信任并不是一套经过意识加工后的理性行为,而是对规范行为的规则的共同理解的结果。制度隐含了高度的理所当然性,使之前没有相互交往历史或共同经验的行为人之间可以形成共同期望。

1.2.5 现有研究的局限

第一,现有聚焦制度因素影响企业创新的研究并没有全面考虑多种制度因素。

一些文献考虑了制度因素对企业创新的影响（Gao等，2015；Zheng等，2015；Shu等，2014）。但这些研究大多只分析一种或两种制度因素，并没有同时分析多种制度因素如何影响企业战略行为和结果，难以为企业管理者提供符合实际情况的理论解释。此外，这些局限也导致许多研究得出不一致甚至是矛盾的结论。制度环境是复杂的，分析制度对企业创新的影响需要同时考虑多种制度因素。

第二，现有研究忽视了对制度影响企业创新的深层机制的挖掘。一些学者分析了政治联系、制度支持对创新的影响，也有一些研究分析了区域制度发展程度、制度距离可能起到的调节作用。总体来看，现有研究多聚焦于制度因素影响企业行为的直接作用机制，不同制度因素对创新的影响是否存在互补或者是替代等更深层次的机制仍较少涉及。一些学者（Peng等，2003）认为随着正式制度的不断完善，非正式的政治联系的作用会降低。这启示我们，政治联系可能与不断发展完善的正式制度环境间存在替代作用，然而现有文献在实证上却并未对此进行充分检验。更系统地探究制度因素对企业创新的影响，不仅需要在理论上对这些深层机制进行分析，还需要进一步的实证检验。

第三，制度理论并没有站在企业的角度分析企业如何认知制度环境，特别是企业是否信任现有的制度环境。将制度信任作为重要制度因素纳入研究框架，一方面从企业的角度反映了企业对外部约束性正式制度环境的整体认知；另一方面，在外部正式制度环境和企业内部战略决策间构建起了一个沟通的桥梁。

然而，制度信任研究仍需进一步扩展，突破现有研究的不足。一方面，已有制度信任分析主要集中在宏观和微观两个层面，而中观层面的企业制度信任如何影响战略行为却少有涉及。另一方面，现有研究多基于McKnight等（1998）的二分维度划分法，将制度信任划分为情境正常和结构保证两个维度。这种维度划分过于狭窄和依赖具体情境，很难反映企业管理者对外部制度环境的信任水平。此外，大部分制度信任研究都聚焦发达国家，以中国的商业背景和制度背景为研究对象的制度信任研究仍然不够。

第四，现有创新管理研究强调企业需要平衡突破和渐进两种创新模式，且大多强调两种创新对绩效的正向线性关系。一方面，在具体的产业情境下（如生物医药产业），两种创新对新产品绩效影响的线性关系是否总是成立，仍有待进一步理论探索和实证检验。另一方面，现有研究多聚焦于单一创新阶段，缺乏将创新产生阶段和创新获利阶段同时进行分析的完整视角。一些研究重点分析资源因素和能力因素在创新产生阶段如何促进企业创新行为的产生，也有一些研究分析了这些因素在创新产生阶段可能会增强或者是减弱企业的新产品绩效。为了更清晰地探索制度因素对企业创新的影响，一方面在研究两种创新与新产品绩效之间的关系时，需要打破固有的线性思维模式,探究其中是否可能存在非线性关系;另一方面不可片面地聚焦单一创新阶段,需要整体性地考虑制度因素在创新产生和创新获利两个阶段的作用。

第三节 研究问题和研究意义

1.3.1 研究问题

从现实背景和理论背景可以看出,突破性创新和渐进性创新对企业成功来说都非常重要,且企业的创新战略选择不可避免地受到多种制度因素的影响。因此,探究不同制度因素影响企业创新的深层机制是一个重要研究问题。制度信任、制度支持和政治联系分别代表了三种不同制度组成。制度信任指企业对外部约束性制度环境的感知信任,代表了一种认知性制度因素;制度支持代表了政府为企业提供的直接研发资助和支持政策,代表起到激励作用的正式资源性制度因素;政治联系指企业管理者与政府官员之间形成的非正式的关系,代表了一种非正式资源性制度因素。图1-2总结了本研究的机制模型和理论出发点,具体包括以下四个研究问题:

(1)制度信任、制度支持和政治联系对突破性创新和渐进性创新的深层影响机制是什么?在直接效应方面,本研究认为,制度信任、制度支持和政治联系都与突破性创新和渐进性创新正相关。在交互作用方面,本研究认为,制度信任和制度支持的交互正向影响两种创新;制度信任和政治联系的交互负向影响两种创新。交互作用的分析有利于检验不同制度因素对创新的影响是否存在互补或替代作用。

(2)突破性创新和渐进性创新如何影响新产品绩效?本研究认为在医药产业这一具体的产业背景下,突破性创新与新产品绩效呈正向线性关系,渐进性创新与新产品绩效呈 U 形关系。本问题的分析有利于明晰不用创新模式的价值。

(3)制度信任、制度支持和政治联系如何调节两种创新与新产品绩效之间的关系?本研究认为制度信任和制度支持可能正向调节两种创新与新产品绩效之间的关系,政治联系可能负向调节渐进性创新和新产品绩效之间的 U 形关系,正向调节突破性创新和新产品绩效之间的关系。这一研究问题的提出和检验有利于明晰不同制度因素是否决定企业获取创新利益的边界条件。

(4)制度信任在企业创新过程中发挥了何种作用?本研究将制度信任纳入研究框架,一方面突出了企业对外部约束性制度环境感知信任的重要影响;另一方面丰富了创新管理研究中制度因素的范畴。本研究认为,在创新产生阶段制度信任会直接影响两种创新,它也与制度支持、政治联系交互作用影响创新,同时它在创新获利阶段起到调节作用。

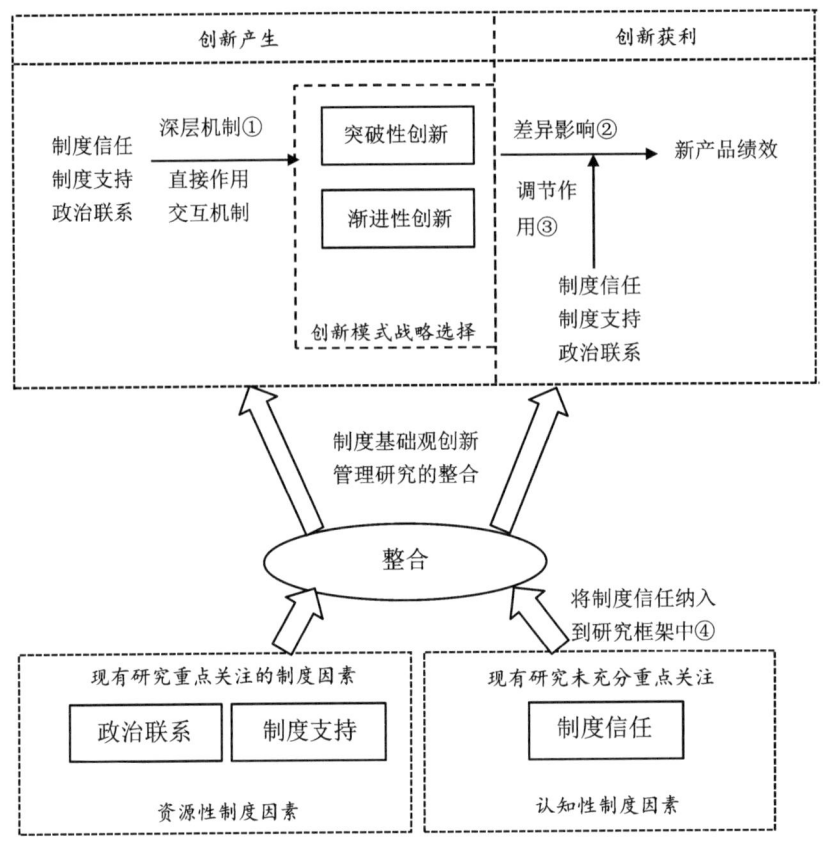

图 1-2　制度因素影响企业创新的深层机制

注:图中①②③分别对应本研究的 3 个研究问题,④代表将制度信任纳入研究框架中。

综合分析,本研究既探讨了制度因素在创新产生阶段如何通过直接作用、交互作用影响两种创新,又分析了制度因素在创新获利阶段如何起到调节作用,深入挖掘了制度在企业创新过程中的深层作用机制。以往的一些基于制度理论分析的文献,为本研究的模型设定提供了有力支撑。Liu 等(2012)从制度基础观的角度研究了家族企业治理和绩效之间的关系,他们认为制度发展水平与家族所有制集中度、家族参与到企业管理和家族在董事会中的比例呈负相关;制度发展水平对这三种治理特点与绩效之间的关系有调节作用。在 Liu 等(2012)的研究中,制度发展水平不但直接影响家族企业治理选择,而且调节了三种治理特点与绩效之间的关系。Zhou 等(2017)的研究认为国有企业的所有制类型不但正向影响企业的 R&D 投入,而且调节了 R&D 投入和创新产出之间的关系。基于以往的这些文献分析,同时考虑制度因素作为前因和调节变量是合理的。因而,结合本研究的研究目标,本研究不仅分析了三种制度因素如何通过直接作用、交互作用影响企业对突破和渐进两种创新模式的选择,也分析了三种制度因素是否通过调节作用增强或者降低企业创新行为与新产品绩效之间的关系。

1.3.2　研究意义

第一，本研究基于制度基础观,全面分析了制度信任、制度支持和政治联系对企业突破性创新和渐进性创新的影响机制,突破了以往创新管理研究缺乏对多种制度因素同时进行分析的局限,丰富了新产品开发研究中制度因素的范畴。

第二,本研究深入挖掘了制度因素影响企业创新时的深层作用机制。本研究不仅分析了三种制度因素对企业创新行为的直接影响,而且探究了制度信任和制度支持的交互、制度信任和政治联系的交互如何影响两种创新,以验证制度因素在影响创新时是否存在互补或替代作用;此外,本研究还分析了三种制度因素如何在创新获利阶段调节创新行为和新产品绩效之间的关系。在理论层面上,本研究突破了先前基于制度基础观的研究仅仅关注制度因素的直接作用的局限,增进了对制度因素影响战略行为的深层作用机制的理解。

第三,本研究提出突破性创新正向影响新产品绩效,而渐进性创新与新产品绩效呈 U 形关系。这一差异化影响机制的明晰在理论上突破了以往创新管理研究局限于线性关系的固有思维,有助于企业管理者更好地理解不同创新与新产品绩效之间的关系。

第四,通过在理论模型中引入"制度信任"这一核心概念,本研究明晰了制度信任在创新产生和创新获利两个阶段起作用的机制,在企业外部制度环境和内部战略决策之间构建了链接的桥梁,弥补了现有的制度理论研究忽视企业自身对外部正式制度认知的局限,促进了制度信任研究和创新管理研究的整合。

第五,在医药企业创新管理的情境下,本研究论述和验证了制度因素影响企业创新的深层机制,对制度基础观有一定贡献。一方面,本研究将制度基础观拓展到企业创新管理领域。另一方面,本研究为制度理论提供了基于中国情境的理论分析和实证结果,拓宽了制度理论的适用情境。此外,本研究以中国医药企业为研究样本,呼应了 Zhou 等(2017)的观点。Zhou 等(2017)指出由于不同产业的创新活动受到制度因素的影响程度不同,比较可行的方法是将研究范围限制在特定产业中,以检验不同的外部政策改变对企业创新的影响。

第六,本研究的研究结论对企业管理者和政府决策制定者有重要实践启示。制度具有多面性,既是企业可以利用的资源,也是企业面临的重要环境,不同制度因素不但可能直接或者是通过交互作用影响创新行为,也是企业获取创新利益的重要情境因素。本研究为企业管理者利用制度资源、制度环境制定有效的创新战略、提高创新能力、获取创新价值有一定启示。同时,本研究也为政府决策制定者进一步深化制度改革,创建有利于企业创新的制度环境提供了有益建议。

1.3.3 研究思路

首先通过分析现实情况,明晰探究制度影响企业创新的深层机制的理论和实践上的重要性;现实背景部分简要分析了生物医药创新情况;理论背景部分回顾了制度基础观、创新管理和制度信任的研究现状,明晰了现有研究局限。在此基础上,本研究提出四个研究问题。为解决这些研究问题,本研究构建了"制度因素—创新行为—创新结果"的理论模型,并提出了18个研究假设。采用165家医药企业的数据进行了实证检验。之后本研究讨论了实证结果,明确了研究结论,分析了理论贡献、实践意义和创新点。章节安排及主要内容如下:

第一章,研究背景。介绍现实背景和理论背景,明晰研究问题和研究意义,最后陈述研究思路与框架。

第二章,理论基础。重点介绍制度理论和制度基础观、创新管理研究。对制度信任、制度支持的相关研究进行综述分析。通过对现有文献的系统分析和综述,厘清理论发展脉络、明晰现有研究局限。

第三章,理论机制。研究变量的界定、概念模型提出、变量间关系的假设的论述。

第四章,研究设计。根据文献分析确定变量的测量、设计量表;问卷调研方法收集数据;统计方法的具体操作和结果判断条件。

第五章,实证检验结果。变量的描述性统计、相关分析、量表的信度和效度分析、假设检验结果。

第六章,研究结果讨论与研究意义。探讨模型中各假设的回归结果,从理论启示和实践启示两个角度归纳研究贡献。

第二章

理论基础:如何理解制度因素与企业创新

本书以制度因素对企业创新的影响机制为研究主题,因此我们首先面对的问题就是:什么是制度? 哪些制度因素与企业创新密切相关? 研究过程中涉及哪些基本理论? 因此,本节首先厘清相关理论基础,之后归纳出研究思路。

第一节　制度理论

新制度理论认为正式和非正式制度影响企业行为。近年来,制度如何影响企业创新行为成为学者们研究的重点(Zhou 等,2017)。企业内部的战略、结构和行为在某种程度上反映了企业对外部制度因素的反应(Oliver,1991;DiMaggio 等,1983)。因此,任何企业的战略行为都不可避免地受到正式和非正式制度环境的影响(North,1990)。企业的创新项目必须在一定的制度框架的限制下进行,必须要符合各种法律法规的规定。同时制度环境又为企业的创新提供了一定的保障和保护,如各种制度支持、知识产权保护制度等。具体而言,制度可能是影响企业进行突破性创新或者是渐进性创新的动机,影响企业将内部或者是外部资源投入到创新项目上,影响企业将新产品引入到市场上,也影响消费者对新产品的接受度。因此,制度环境不仅仅限制了企业行为,在某种程度上也促进了企业的创新行为。

2.1.1　制度的定义和分类

North(1990)认为制度是"社会中的博弈规则"。Scott(1995)则将制度定义成"认知性、规制性和规范性的结构,为社会行为提供稳定性和意义"。Scott 对制度的定义与组织研究联系最为紧密,而 North 对制度的定义更偏向于国家宏观层面,更关注制度的长期变迁。社会学领域的学者 Powell 等(1991)指出,制度被认为是理所当然的规则,能被个体明确或者是隐约地感知到,或者是作为一种隐性指导规则对个体行为产生影响。

制度的分类比较多样,但一般获得广泛的认可的是 North(1990)和 Scott(1995)提出的分类方法,如表 2-1 所示。

表 2-1　制度的分类

North(1990)	Scott(1995)	本研究的制度分类	具体组成
正式制度	规制性制度	约束性正式制度	法律、规制、规则
		激励性正式制度	
非正式制度	认知性制度	非正式制度	规范、文化和道德
	规范性制度		

来源:作者整理

第一种分类是 North(1990)提出的正式制度和非正式制度二元分类方法。正式制度包括政治规则、经济规则和经济契约(North,1990),对个体或组织行为有限制或者是激励作用。非正式制度是通过社会过程构建起来的,包括社会行为规范、风俗、传统和行为守则,通过被"广为接受"的社会事实影响人们的行为(North,1990)。非正式制度一般相对比较隐性、改变比较缓慢、有文化传导性。

第二种分类方法是 Scott(1995)提出的三支柱框架。Scott 主要从制度功能的角度区分不同制度,认为制度包含规制性制度、规范性制度和认知性制度三个部分。规制性强调制度会制约、规制和调节个人或组织行为(Scott,1995)。规制性制度源自经济学研究中的理性行为人模型,建立在强制性和一致性的基础上。规制性制度包括 North(1990)提出的正式规则、法律、法规等。Scott(1995)进一步将非正式制度划分为认知性制度和规范性制度。制度的认知维度着重强调个人或组织对外部世界的理解和认识,如个人或组织对某种观念、文化等的认同。规范性制度来源于社会责任和专业化,包含了价值观和规范,指在给定的文化环境中,组织参照现有的主流实践或规范进行合适的社会行为,承担社会责任和社会期望。

以上两种分类方法在现有文献中接受度比较高,但这两种分类多关注正式制度的规制性功能,忽略了正式制度可能对个人或组织行为起到激励功能。在以往研究的基础上,本研究提出了第三种分类方法,如表 2-1 第三列所示,将正式制度因素进一步细分为两类:约束性正式制度和激励性正式制度。约束性正式制度主要指起到规制作用的法律、法规等(如医药产业中的药品审批制度),它代表政府引入的降低交易不确定性制度要素,具有稳定公众对政治结构、社会交往和经济期望的稳定剂型功能(North,1990)。激励性正式制度主要指各种类型的制度支持措施,包括政府的直接财务资助和特定领域的支持性政策。制度支持是一种法律之外的正式制度因素,对企业和产业在某一方向的发展和成长有激励和引导的作用,也代表了一种资源性制度因素。本研究提出的制度分类中,非正式制度仍然与 North(1990)的分类一致。

2.1.2 制度理论的三个研究方向

制度理论的发展如表 2-2 所示,大致可以分为三个研究方向:经济学视角的制度理论、组织社会学视角的制度理论、制度基础观。

表 2-2 制度理论各学派总结

	经济学视角	组织社会学视角	制度基础观
概念	博弈规则	象征性的认知、规范及行为系统体系	
分类	正式与非正式制度	规制、规范和认知制度	正式制度和非正式制度
学科领域	经济学	经济学、政治学和社会学	战略管理
基本观点	强调资源的稀缺性和竞争性,交易成本是核心概念,强调效率和效用的观点	强调组织的战略趋同性,合法性是核心概念,制度化论点是理论分析和研究的基础	强调制度因素可以解释企业绩效差异问题 两个基本假设:有限理性假设;正式与非正式制度共存且互补
代表性研究	Coase(1937);Williamson(1985);North(1990)	Meyer 等(1977);DiMaggio 等(1983);Scott(1995)	Peng(2002);Peng 等(2009)
理论焦点	关注外部制度的演化和变革、企业治理结构的选择	关注外部制度如何通过制度化过程影响企业	关注外部制度对企业战略选择的影响,而非将制度因素看成是背景条件
共同点	主要目标都是探索制度环境与组织行为的相互影响		

资料来源:作者整理

第一,经济学领域的制度理论也称为交易成本经济学,代表学者包括 Coase,Williamson 和 North。在 *The Nature of the Firm* 一书中,Coase(1937)讨论了企业存在的原因及规模扩张问题,提出了"交易成本"的概念,强调制度环境是否能够明晰界定产权影响企业间交易的成本,会带来不同的资源配置效率。Coase 认为市场的运行是有成本的,当市场配置资源的价格机制效率较低时,会导致交易成本非常高,而企业的产生便是通过内部协调降低交易成本、提高资源配置效率的结果。然而,当企业规模扩大到一定程度,企业内部协调的成本大于或等于市场交易成本时,企业规模进一步扩大便会导致规模效率下降。Williamson 是 Coase 之后交易成本制度经济学的集大成者,其代表性研究包括 *The economic institutions of capitalism*,*Transaction cost economics*;*The governance of contractual relations*,*Markets and hierarchies:Analysis and antitrust im-*

plications 等。Williamson 认为交易是经济学最小的单位,提出了特定交易类型和组织治理之间的最优匹配模型,强调不同的资产专用性会产生不同的交易成本,进而影响企业对不同治理模式的选择。随后,North 在 *Institutions*, *institutional changes*, *and economic performances* 一书中探讨了人类社会制度变迁的机理和路径,认为制度变迁具有路径依赖特点,决定了社会演化方式;认为正式制度和非正式制度均对经济活动产生影响;分析了企业家、组织与制度变迁之间的关系;他指出,不同国家之所以存在不同的市场效率是因为制度结构导致人们面临的不确定性不同。

经济学视角的制度理论关注外部制度的演化、交易结构的选择,决策者将效用最大化作为决策目标。根据制度经济学的观点,随着市场的发展,以法律和契约为基础的正式制度会取代传统的对非正式机制的依赖。这一观点背后的逻辑是正式制度提供了保障产权和防范经济交换风险的更优化的方法(North,1990;Peng, 2003)。如果存在良好的法律系统,交易成本经济学认为有效的治理选择源自治理结构与不同交易方式交易的匹配。

第二,组织社会学领域的制度理论认为制度压力驱动企业的战略选择。“制度化”是该领域的一个重要概念,指个人或组织行为在适应环境的过程不断趋于稳定和合法化的过程。组织结构不仅仅是由技术生产和交换所决定的,也会受到制度规则的影响。组织结构在制度环境的约束下同型化(Isomorphic),因此组织也是制度化过程的产物。DiMaggio 等(1983)探讨了组织如何通过强制性同型(Coercive isomorphism)、模仿性同型(Mimetic isomorphism)和规范性同型(Normative isomorphism)服从制度要求,从而获得合法性。

早期阶段学者们强调组织通过被动服从制度要求获取合法性,但这一观点由于忽视了组织的主动性而频遭诟病。Oliver(1991)整合制度理论和资源依赖理论,提出了组织的制度反应战略理论框架,她指出组织可以采取从默许、妥协、逃避到对抗甚至主动操纵等一系列反应战略应对制度压力。制度反应战略框架充分考虑了组织自身的能动性,进一步强调了制度环境并不是一成不变的“铁笼子”,企业可以采取积极主动的制度战略改变,甚至创造制度环境。

综合分析,组织社会学视角的制度理论研究各种类型的制度压力对组织的影响,强调了范围更广的制度环境,既包含经济学视角所探讨的任务环境,也包含社会环境。与经济学角度的制度理论强调效率和交易成本的观点不同,组织社会学视角的制度理论强调组织或个人在应对制度压力过程中的战略趋同。该视角的论证建立在制度化过程的基础上,合法性是一个核心概念。

第三,制度基础观(Peng 等,2009)代表了制度理论和组织战略结合最紧密的理论视角。早期战略管理研究多以西方成熟的市场作为分析背景,制度通常被看作是独立于企业行为之外的约束性规则体系,被学者和企业管理者当成是理所当然的背景因素。近年来,新兴经济体的制度变革与企业战略发展相互影响,战略管理领域的两个主导理论:产业组织理论和资源基础理论,难以有效解释制度因素对企业战略行为的影响。在这样的背景下,以 Peng(2003、2009)为代表的学者们整合制度经济学(North,1990;Williamson,1985)、组织和社会学领域的制度理论(DiMaggio 等,1983;Meyer 等,1977;Scott,1995)提出了制度基础观(Institution-based view,IBV)(Peng,2002、2003)。

制度基础观有两个核心前提:①有限理性;②正式和非正式制度互补。有限理性指在给定的正式和非正式制度组成的制度框架中,管理者和企业理性地追求他们的利益,并进行战略选择。正式制度和非正式制度整合起来决定了企业行为,当正式制度不清晰或失败时,非正式制度起到了更大的作用,引导企业行为,为企业行为提供合法性。

如图 2-1 和图 2-2 所示,企业的战略选择不仅受到产业条件和企业特定资源能力的影响,也受到特定正式和非正式限制组成的制度框架的影响。Peng(2009)认为制度基础观是继产业组织理论和资源基础理论之后解释企业战略行为的第三个支柱理论视角(图 2-1)。产业组织理论观关注企业外部产业结构、竞争地位等因素如何影响企业战略决策,进而影响企业绩效。资源基础理论关注企业内部资源和能力对战略决策和竞争优势的影响。制度基础观则运用制度因素解释企业的战略选择行为,认为法律、法规、社会文化等制度因素是影响企业战略的内生变量,而不仅仅是背景因素。

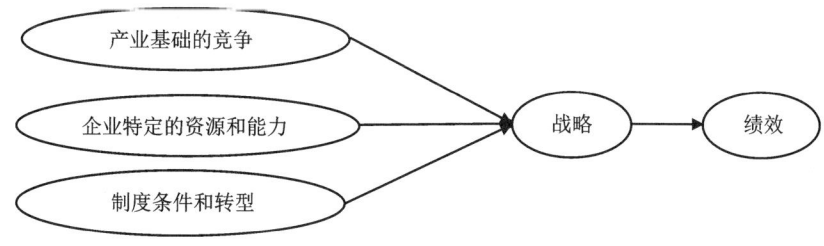

图 2-1 制度基础观:企业战略的第三个支柱理论视角

资料来源:Peng(2009)

2.1.3 制度基础观的理论分析和实证研究

制度基础观提供了本研究探究不同制度因素影响企业创新行为和创新绩效的基本理论基础。尽管这一理论是新近发展的理论视角,但是许多学者在理论分析和实证检验上进行了多方面的拓展。

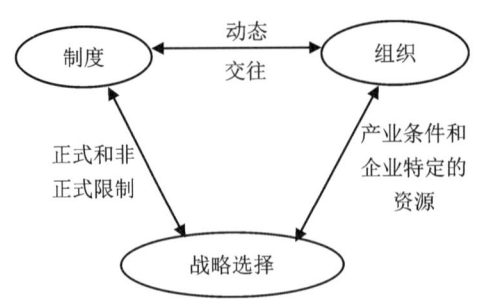

图 2-2　制度、组织和战略选择

资料来源:Peng(2009)

首先,一些学者基于制度基础观,从理论上分析了制度对企业行为的影响。Meyer 等(2005)的理论分析认为可以从制度基础观的角度分析中东欧国家的外国企业进入、本地企业重构、新企业建立等企业战略问题。Lu 等(2008)的分析认为,在亚洲太平洋地区,制度环境在企业知识管理和创新战略中扮演着多方面的角色。他们认为亚洲国家,通过政府和企业的合作,政府对知识转移和创新的促进作用比西方国家更大。例如,新加坡政府通过提供基础服务在国家和企业水平上促进了创新系统的合作。具体而言,制度可能影响知识创造、转移的效率,也可能影响知识的合法性,此外知识也依赖制度环境,难以与制度环境截然分开。Liu 等(2012)从制度基础观的角度研究了家族企业治理和绩效之间的关系,他们认为制度发展水平与家族所有制集中度、家族参与到企业管理和家族在董事会中的比例呈负相关;制度发展水平对这三种治理特点与绩效之间的关系有调节作用。

其次,一些学者基于制度基础观在实证上检验了制度因素如何影响企业的多种战略选择。Zhou 等(2010)整合制度理论和交易成本理论对 399 个买方—供应方交易的研究发现,当管理者感知到制度系统能够保护企业利益时,他们更倾向于使用清晰的契约去避免交易风险,而非依赖关系治理机制;当管理者感知到的制度系统可信度比较低时,他们较少使用契约治理,转而更依赖关系治理保护合作交易中的利益。

Hemmert 等(2016)实证检验了制度力量如何与企业实践相互作用促进供应商对韩国制造业企业的信任。制度规定了企业需要遵循的规则,清晰地规定了违反规则的后果,也设计了合法性的来源,为企业提供了合适行为的方向。当法律系统能够保护供应商的利益的时候,买方企业会检测这些规范,并根据这些制度力量为供应商提供善意支持性行为。而如果没有正式的规制压力,企业没有更多动机对供应商企业展现善意行为。此外,对供应商较强的法律保护,也会增强供应链企业间的程序公平和分配公平。如果没有这些公平合作,企业可能会因为违反法律而招致惩罚。

Meyer 等(2009)整合制度基础观和资源基础理论,研究了外国投资者进入新兴经济体的战略。他们的实证结果表明,在市场支持制度比较弱的新兴经济国家,外国投资会采用合资企业去获取更多资源,但在有较强的制度框架的国家中,合资企业起到的作用下降,而并购在企业获取资源过程中起到更加重要的作用。

Khoury 等(2010)采用 18 个拉丁美洲和加勒比国家 14 的年面板数据,从制度基础观的角度分析了知识产权制度改革对外国直接投资(FDI)的影响。他们发现知识产权改革实践越长 FDI 流入越少;但当目标国家有更多创新基础时,知识产权改革有利于 FDI 的流入。

2.1.4　制度理论述评

制度理论研究可以划分为三个领域:经济学视角的制度理论、组织社会学视角的制度理论和制度基础观。相关研究从各自不同的角度分析了制度如何影响企业治理、战略选择。制度基础观是近年来发展较快的一个理论视角,许多学者不但从理论上分析了制度基础观在企业不同战略选择中的应用,也有一些学者从实证的角度对此加以验证。然而,不可忽视的是,现有研究仍然存在一定局限。

第一,现有制度理论分析,忽略了企业对正式制度环境认知的重要作用,也就是没有站在企业的角度考虑企业是否信任外部正式制度环境。这导致研究外部制度环境如何影响企业内部战略决策时,丢失了起到链接作用的重要一环——制度信任。正式的法律法规首先必须得到企业信任,才能发挥其规制企业行为、维持商业秩序的功能;企业只有信任它所嵌入的制度环境,才能够判断哪些行为是合适的、哪些行为不能采用,才能够有效遵守法律约束,同时利用法律制度保护自身的合法利益,也能够理解竞争对手、合作伙伴的战略决策。

第二,现有实证研究多聚焦一种,或者是两种制度因素,全面分析多种制度因素如何影响企业战略的研究仍然比较匮乏。鉴于制度环境是复杂的、多重的,有必要将多种制度因素同时纳入研究框架,并对比分析他们对企业战略和绩效的差异化影响。全面分析多种制度因素有利于克服原有文献研究对单一制度因素进行分析得出的碎片化的研究结果,也有利于探索制度因素影响企业战略的深层理论机制,在理论上能够拓展现有的制度基础观的宽度和深度,在实践上有利于企业管理者和政府决策制定者对制度企业创新之间的关系形成全面和深层次的认识。

第三,关于正式制度环境的测量还不统一。制度支持是现有研究中比较常见的正式制度因素,实证研究中多采用问卷调研、二手数据构建代理变量等方法对制度支持进行测量。然而,与制度支持对应的,起到约束作用的正式制度因素(如法律、法规)仍然没有统一的测量。一些学者采用 GDP 发展水平(Gao 等,2015)、专业市场化改革(Dau,2012)、知识产权(IPR)改革(Khoury 等,2010)等指标测量正式制度环境的发展水平。然而这些测量仍相对比较粗糙。如果采用这样的测量,同一区域的不同企业都具有相同的代理变量,很难反映不同企业所理解的制度环境的差异性。因而,有必要从企业的角度对法律、法规构成的约束性正式制度环境进行比较整体的测量,然而现阶段对这一问题的探索仍然处于空缺状态。

基于以上分析,本研究以制度基础观作为基本理论出发点,一方面,全面考虑正式制度因素(制度信任和制度支持)和非正式制度因素(政治联系),也区分了企业对约束性制度因素的认知(制度信任)与正式和非正式的资源性制度因素(制度支持和政治联系);另一方面,将制度信任作为企业对外部约束性正式制度的感知信任纳入研究框架中,也能反映不同企业对外部约束性正式制度环境的差异性理解,提供了从企业的角度测量外部约束性正式制度环境的方法,有利于构建外部制度环境和企业内部战略之间沟通的桥梁。

第二节　创新管理研究

创新是企业获取和保持竞争优势、应对激烈竞争的关键。新兴经济国家制度仍然处于不断变革过程中,政府是制度环境的重要参与者和塑造者,也控制大量的制度资源,制度因素如何激发企业创新和竞争优势成为学者们关注的焦点(Zhou等,2017;Shu 等,2016)。

2.2.1　创新过程

不同学者对新产品开发过程的起点和终点的界定是不同的。早期阶段学者们多从线性序贯步骤的角度研究企业创新过程。Utterback(1971)将创新过程看成是由一系列主要活动组成的管理过程,包括创意产生,问题解决的结果是技术解决方案或者是发明;执行,结果是将新产品引入市场;扩散,结果是创新产生显著的经济影响。Wheelwright 等(1992)提出了创新过程的开发漏斗模型。他们认为新产品开发涉及一系列活动,包括资源管理和转化、对专门领域的信息和资源的收集、生产满足市场需求的产品。Cooper(2008)提出了新产品开发的阶段—门槛(Stage-gates)模型,在创新管理领域影响力比较大。他将产品创新过程划分为前后相继的多个阶段,即需求识别、创新概念产生、理念筛选、产品开发、市场化。

之后一些研究沿用这些观点,认为企业创新过程中的活动都有一定的固定顺序。Ernst 等(2010)认为新产品开发包含概念发展、产品开发、市场投放和售后支持三个阶段。Song 等(1998)认为创新过程包括市场机会分析、计划、开发、预先测试、投产和上市 5 个阶段。林海芬等(2016)分析了丰田公司雷克萨斯汽车的产品创新体系,认为创新过程包含理念构建阶段、研发与生产阶段、市场化阶段。

近年来,一些学者认为传统的创新过程序贯模型可能并不适合所有创新类型。Salerno 等(2015)从权变理论的角度分析,认为创新过程并非由线性、序贯的创新步骤组成的,而可能遵循 8 个不同的创新路径,每一个创新路径都由创新项目的具体情境决定。其中第一个路径与传统过程相同,指从创新概念产生到创新产品投放的一系列过程,许多传统大企业的渐进性创新都采用这种创新过程。第二到第四种创新过程指订单式创新,包括开放式订单(企业和客户共同开发创新概念)、封闭式订单(有客户提供创新过程)、为公共部门采购而进行的创新(先由企业提供创新概念,之后竞标、产品开发和提供创新产品)。第五到第八个创新模式在创新概念产生、开发和投放市场的过程中都存在一个等待市场发展、技术发展的断点。Hansen 和 Birkinshaw(2007)提出了创新价值链概念,认为新产品开发是一个重要活动,然而在这之前、之后和同时还有同等重要的其他活动。

仔细分析发现,序贯性创新过程模型仍然占据一定主导地位,因为其逻辑相对较简单。Salerno 等(2015)的研究发现,53%的样本企业采取这种传统线性序贯模型管理创新活动。近年来,许多学者注意到了创新过程中反馈的重要性,以及阶段重叠问题(Salerno 等,2015)。

可以看出,创新过程是比较复杂的,不同学者有不同的观点。为突出主要研究问题,本研究认为将创新划分为创新产生(包括从创意缠上、产品开发、测试到产品定性)和创新获利两个阶段(新产品推出、商业化)两个阶段是比较合适的。这种两阶段划分法与 Aarikka-Stenroos 等(2014)的研究一致。Aarikka-Stenroos 等(2014)的研究认为,将创新过程划分为创新产生阶段和创新商业化阶段是比较合适的。商业化指将创新产品投入到市场中,并获取创新利益的过程,包含了营销战略计划和随后的执行两个部分。

2.2.2　突破性创新和渐进性创新

根据创新程度不同,可以将创新划分为突破性创新和渐进性创新(Crossan 和 Paydin,2006),突破性创新和渐进性创新位于连续性技术变革两端(Dunlap-Hinkler 等,2010)。许多学者强调企业的成长和繁荣需要平衡突破性创新和渐进性创新两种创新模式(March,1991)。

突破性创新活动虽然对企业的长期生存和绩效有重大影响,然而其风险较高、需要较长时间才能获得创新利润。在这种情况下,企业过度投入突破性创新活动,可能会陷入无休止的寻求外部环境隐约出现的突破性创新机会而难以获取现存知识和能力带来的收益的困境(Dunlap-Hinkler 等,2010)。过度追求突破性创新而忽视渐进性创新,可能对企业的短期生存产生不利影响(March,1991)。

渐进性创新有利于企业快速获取创新收益,但过度进行渐进性创新活动,企业就容易陷入能力陷阱中,忽视新产品、新技术和新工艺的探索(Levinthal 等,1993),威胁企业的长期生存。因此,企业同时进行高水平的突破性创新和渐进性创新活动被称为双元创新平衡。学者们认为平衡突破性创新和渐进性创新不但有利于企业的短期生存,而且能确保企业的长期竞争优势(March,1991;He 等,2004)。

1.渐进性创新的定义

渐进性创新是基于现有知识、技术、能力、技术轨道、产品市场的改进型创新。相对突破性创新而言,渐进性创新是一种连续性创新,目的是满足当前市场上的顾客需求,强化已经获得的竞争优势,通常不会显著改变现有竞争格局(Danneels,2002)。Tushman 等(1986)认为绝大多数企业通过渐进性创新获得的市场竞争地位,长期来看,渐进性创新依然能为企业带来巨大收益。Banbury(1995)强调,在已经成熟的产业中,企业持续、快速引进渐进性新产品的能力对企业的市场份额有重要影响,并间接影响企业在产业中的生存。

2.突破性创新的定义

仔细梳理已有文献,学者们对突破性创新的定义并不统一。Danneels(2004)指出,文献中许多词汇——企业创业(Entrepreneurship)、激进型(Radical)、不连续性(Discontinuous)、世界首创(New to the world)、突破性(Breakthrough)——交替使用来指代突破性创新。一些学者,如 Chang 等(2012)认为激进性创新(Radical innovation)、不连续性创新(Discontinuous innovation)、突破性创新(Breakthrough innovation)是可以互换的概念。如表2-3所示,本研究总结了不同学者对突破性创新的定义。

表2-3 突破性创新定义总结

文　献	定　义
Benner 等(2003)	与企业当前技术或市场领域距离较远,能够从根本上改变其技术轨迹和组织能力的创新
Tushman 等(1986)	技术上产生重大突破的创新,奠定了未来的产品、技术和服务发展的基础
Sorescu 等(2003)	显著提升技术水平和顾客价值的一种创新

文　献	定　义
付玉秀等(2004)	使产品性能发生巨大跃迁,导致市场规则、竞争格局和行业态势发生重大改变的创新
Leifer 等(2000)	涉及技术发展的极大跳跃的新产品的商业化,与现有的替代产品相比这些产品有全新的特点
Chandy 等(1998)	涉及完全不同的技术的创新类型,同时极大地增加了顾客利益
Michel 等(2008)	如果一个创新显著改变了顾客共同创造价值的方式,对市场规模、价格、收入或市场份额有非常大的影响,那么这种创新就是一种突破性创新
Veryzer(1998)	突破性创新被定义成一种创造了对企业和市场而言都是新的业务线(line of business)的产品创新

来源:作者整理

综合分析以上这些定义,突破性创新代表了与渐进性创新相对的概念,一般在引入和发展阶段都伴随高不确定性、高风险性。

从技术的角度看,突破性创新经常整合大量新技术,强调技术性能上比较大的飞跃,与原来的主导技术有较大区别,涉及向新技术范式的演进,也可能包含"对现有元素非常新的配置"。这类创新很少由需求驱动,更多是由技术进步驱动的。由于涉及的技术经常处于未成熟阶段,突破性创新项目经常需要花费更多时间在创新的前期阶段进行研究和探索。

从产品的角度看,突破性创新经常导致新类别的产品、新的替代产品,或者是本质上的产品改进。Leifer 等(2001)指出,突破性创新能极大提高产品性能,有助于企业巩固市场地位,是企业保持长期竞争优势的基础。

从满足顾客需求看,突破性创新的目标是创造新的顾客需求或满足潜在的未被满足的顾客需求。加上 Leifer 等(2001)指出,突破性创新可能对关键顾客需求的满足能提高 5 倍的绩效,或者是降低 30% 的成本。

从对当前产业格局来看,突破性创新可能对现有产业格局造成巨大冲击。一些情况下突破性创新可能导致在位企业被新的进入者取代;另一些情况下伴随突破性创新的发展,在位企业可能生存,并获得更大的发展机会。因此,突破性创新可能重构领导企业的产业位置和竞争优势。原因在于,突破性创新创造的新市场破坏了现有竞争者建立竞争优势所依赖的能力和互补资产。例如,苹果推出了 IOS 手机操作系统,而 Google 推出了 Android 手机操作系统,挑战了手机市场原有的领导者诺基亚公司的塞班操作系统的主导地位;Netflix 通过在线电影租赁,增强了顾客体验、挑战了传统电影公司。

3.突破性创新和渐进性创新的区别

表2-4总结了突破性创新和渐进性创新在目的、侧重点、对原有技术的影响、对知识的需求、对学习的需求、对能力的需求、风险和不确定性等方面的区别。

表2-4 突破性创新和渐进式创新的区别

	突破式创新	渐进性创新
目 的	加强现有市场的主导地位	开发新的市场
创新侧重点	对原有技术和产品的改良,侧重降低成本、质量改进	产生新的产品和技术
对原有技术的影响	改进和提高	破坏和颠覆
对知识的需求	企业现有的知识体系	与现有知识体系完全不同的知识
对学习的需求	适应性学习	探索性学习
对能力的需求	较强的开发能力	较强的探索能力
商业化模式	现有的商业化模式即可	需培育专门的商业化模式
投 入	较低	较高
回收期	较短	较长
风险和不确定性	相对较低	较高
驱动力	需求驱动	技术变革驱动
对绩效的影响	对绩效有较小幅度的提升,着眼于短期的市场份额	提供更高的利润和长期竞争优势
产 品	对原有产品的改进	创造出世界性新产品
市 场	对原有市场的加强和市场份额的提高	创造新的市场
消费者习惯	加强和利用	冲击和颠覆
产业竞争结构	对现有产业格局影响不大	冲击现有产业格局,重构新的产业格局

来源:作者整理

4.医药企业的突破性创新和渐进性创新

医药产业是一个知识密集型的产业,创新是企业的生命线(Dunlap-Hinkler 等,2010;Powell 等,1996)。在医药产业中,新分子实体(New molecular entities,NMEs)的开发代表了重要的突破性创新,一般被称为新药或者是专利药。这类创新可能为原来难以治疗的疾病提供新的、有效的治疗药品。例如,美国 Genzyme 公司首次开发了治疗戈谢病(一种罕见病)的新药 Ceredase。突破性创新也可能对影响广泛的重大疾病提供疗效更好的新的药品;AMGEN 开发的 EPO 是首个治疗贫血病的基因工程药物。

医药产业的渐进性创新主要指对现有药品的改进(Berndt 等,2006),包括以新药为基础增加新的适应症、新的剂型(Dosage)、新的组合(New combinations)、新的配方(new formulations)等后续开发过程。突破性创新药物开发之后的渐进性创新也能产生较大经济和健康利益。通过渐进性创新,可以使医药产品在更大的患者人群中使用,也可能为企业带来更大的销售额。例如,Zantac(Ranitidine)是一种组织胺 H2 受体拮抗剂,最初被批准用于胃泌素瘤(Zollinger-Ellison Syndrome)和十二指肠溃疡的短期治疗(仅供在急性症状中使用)。通过渐进性创新,扩大适应症,Zantac 可以在食管反流病(GERD,一种严重但常见的烧心症状)和糜烂性食管炎(一种需要长期治疗的症状)的恢复中发挥作用。

根据已有的创新管理文献,从企业层面而言,突破性创新代表了与渐进性创新相对的概念,指企业开发与已有产品、技术或市场领域不同的新产品。渐进性创新是对已有产品、技术和市场的改进为主的创新活动;相对突破性创新而言,渐进性创新是一种连续性的创新,目的是为了满足当前市场上的顾客需求,强化已经获得的竞争优势,通常来讲不会显著改变现有竞争格局。因而,突破性创新和渐进性创新主要参照的是企业已有的产品、技术和市场基础,其创新程度是相对的,而非绝对的。

2.2.3　创新管理分析的理论视角

无论是渐进性创新还是突破性创新,整个创新过程都具有知识密集、跨边界、存在不同程度不确定性等特点。分析制度因素对企业创新的深层影响机制难以依靠单一理论视角,以下部分对后续假设论述涉及的几个比较重要的理论视角进行简要综述,其中包括资源基础观、能力视角、知识和组织学习视角等。

1.资源基础观

资源基础观将企业看作资源束组成的实体,企业内部或企业可以利用的有价值的、稀缺的、难以模仿的、难以替代的资源是企业竞争优势的来源。一般而言,能为企业带来持续竞争优势的资源有 4 个关键特性:异质性、不可移动性、事前对竞争的阻绝性、事后对竞争的阻绝性。

早期的资源基础观强调企业内部的资源特性与竞争优势的关系(Barney,1991)。资源基础观是对产业组织理论的补充。产业组织理论的研究对象是产业组织,强调产业结构、企业在产业中的竞争位势是企业行为和绩效的决定因素。而资源基础观则从资源的角度解释了为何同一产业中不同企业绩效存在差异(Barney,1991)。

随着资源基础观的发展,原有的理论边界得到了扩展,资源并不仅仅局限于企业内部,也可以通过联盟、企业间合作等从企业外部获取接触获得,资源的特殊性和移动性特点逐渐被打破。

创新活动需要消耗大量的资源。Sorescu 等(2003)对医药产业的研究发现,资源基础对企业获取创新回报有重要影响,那些为突破性创新产品提供更多营销和技术支持的企业能够获得更高的创新绩效;那些拥有更宽和更深的产品组合的企业能够获取更高绩效。此外,许多学者从资源基础观的视角分析了政治联系(Sheng 等,2011)、制度支持(Shu 等,2016)、营销资源(Kriakopoulos 等,2016)、顾客参与和供应商参与(Menguc 等,2014)对企业突破性创新、渐进性创新的影响。

2. 能力视角

能力视角是资源基础观的延伸。能力从本质上讲是一个组织惯例,或者是几个相互作用的组织惯例。能力的产生不是简单地组合一系列资源,还涉及人和人之间的协调、人和资源之间的协调。知识对组织是最重要的资源,且以特定形式存在于组织成员个体中,那么组织能力是由组织成员专门整合形成的。核心能力、动态能力、吸收能力是创新管理中分析和讨论较多的能力类型。

Prahalad 等(1990)提出了"核心能力"概念。核心能力指对多种技术和功能进行调整和整合的能力;在组织层面核心能力强调组织的整体协调;核心能力和最终产品通过核心产品链接起来(如本田的发动机)。Prahalad 等(1990)论述了如何识别核心能力、构建核心能力,以及培育核心能力思想。他们认为企业可以通过技术投资、为业务单位注入资源、形成战略联盟建立核心能力。Leonard-Barton(1992)认为组织的核心能力包括员工的知识和技能、技术体系、管理体系、价值和规范。当与产品创新计划匹配时,核心能力能促进创新;当与创新计划不匹配时,核心能力可能转变为核心刚性阻碍创新。

Teece 等(1997)提出了"动态能力"的概念。动态能力是企业在外部环境不断变化的情况下,感知、理解、评估外部环境中的机会和威胁、对自身有形或无形的资产改善、整合、保护或者重新配置以获取竞争优势的能力。Eisenhardt 等(2000)将动态能力视作企业的一个动态过程,包含了新产品开发、资源获取、资源分配、知识转移和吸收。动态能力理论吸收了演化理论的观点,认为能力和资源是随着时间演化的,强调企业在战略决策过程中需要兼顾环境动态性。文献分析认为动态能力有利于企业发展创新能力、提高创新过程的有效性、有效应对外部环境的动荡性。Wu 等(2016)的研究发现,在新兴经济体中,动态能力在企业多元化和创新绩效中起到了中介作用。Piening 等(2015)基于动态能力视角的研究认为,企业是否能够有效执行新的生产、供应链、管理过程的动态能力决定了过程创新是否会成功。

吸收能力是与企业创新密切相关的另一能力视角。Cohen 等(1990)在分析企业研发时,提出了"吸收能力"的概念。他们将吸收能力定义为"企业识别新的、外部信息的价值,吸收这些信息,并进行商业化终端应用的能力"。其认为较高的研发投入提高了企业使用外部知识的能力,这反过来增强了企业的创新性。Cockburn 等(1998)采用重大产品创新案例跟踪和调查访谈的方法对吸收能力与产品创新的关系进行了研究,发现拥有重大产品创新的企业不仅直接投资吸收能力,也与科学领域保持广泛的接触,如制药企业与公共基础研究院所间建立了广泛的关系,以提高吸收能力。Fabrizo(2009)以制药和生物技术企业为样本,从吸收能力视角的研究发现,企业自身的研发投入、基础科学研究,以及与高校的联系会提升样本企业的创新绩效。Ritala 等(2013)对企业合作的实证研究发现,潜在吸收能力和占用机制在追求渐进性创新的竞合关系中有积极影响;在追求突破性创新的竞合关系中占用机制有积极影响,吸收能力的影响不显著。

3.知识和组织学习视角

知识是企业最重要的资源,对企业保持竞争优势和创新至关重要。一方面,创新需要整合企业内外部知识,也需要内外部知识的流动和交换。唐青青等(2015)以176 位中国学者在 2007—2012 年发表的高水平国际论文为样本数据,采用 logit 回归分析发现,知识深度对突破性创新有显著正向影响,知识宽度对突破性创新没有显著影响;关系嵌入强度加强了知识宽度与突破性创新之间关系,降低了知识深度对突破性创新的影响。Xu 等(2013)对 64 家医药企业的实证研究发现,内部技术知识能力与突破性创新和渐进性创新都呈倒 U 型关系,竞争者联盟参与加强了内部技术知识能力与渐进性产品创新之间的关系,降低了内部技术知识能力对突破性产品创新的影响。Forés 等(2016)的研究发现,内部知识积累和企业规模都与渐进性创新正相关。范钧等(2014)的研究发现,隐性知识获取正向影响突破性创新绩效。

另一方面,创新过程也是组织学习和知识创造的过程。Dunlap-Hinkler(2010)从组织学习的视角研究了被美国食品药品监督管理局(US.FDA)批准的 1496 个商业化创新项目,发现过去成功的突破性创新记录能够增强现阶段突破性创新的成功率;非仿制性渐进性创新经验对现阶段突破性创新的概率没有显著作用;仿制药开发的成功经验会阻碍突破性创新。García-Morales 等(2012)对西班牙企业的研究发现,组织学习不但直接影响组织绩效,而且可能通过创新间接影响组织绩效。

2.2.4 突破性创新和渐进性创新对绩效的影响

突破性创新和渐进性创新都可能对新产品绩效产生影响,然而两种创新类型对新产品绩效的相对影响仍然不清晰。从顾客的角度看,他们通常将突破性创新看作是有很大价值的,因为较高程度的创新性会增加顾客的满意度和提升顾客对新产品的兴趣(Sorescu 等,2003)。从组织的视角看,突破性创新具有打破市场位置的潜力,也有在新兴市场中创建新的增长平台的潜力(Tellis 等,2009),有利于企业建立领先优势、创建先动壁垒(First mover barriers)、阻止竞争者进入。

现有研究中,大部分学者从线性思维的角度分析和检验突破性创新、渐进性创新对新产品绩效或者是企业绩效的影响。Chang 等(2014)的研究发现,突破性创新和渐进性创新都对新产品绩效有促进作用,但是突破性创新的促进作用更大。Menguc 等(2014)基于加拿大高科技企业的实证结果表明,突破性创新和渐进性创新对新产品绩效都有显著正向影响。李先江(2012)以湖北省 201 家服务企业为样本的实证研究发现,渐进式低碳创新对组织短期绩效有显著正向影响,而对组织长期绩效的正向影响并不显著。吴爱华等(2012)认为渐进性创新对企业新产品绩效有正向影响,但基于 157 家样本企业的实证结果却表明渐进性创新对企业新产品绩效的正向影响不显著。张婧等(2011)对中国 220 家制造型出口企业的实证研究发现,突破性创新和渐进性创新都对新产品绩效有显著正向影响。Baker 等(2014)对美国企业的研究发现,突破性创新规范(Radical innovation norms)与新产品绩效正相关,当突破性创新规范与企业管理突破性创新价值相一致时对新产品绩效的影响不显著,当突破性创新规范高于企业管理突破性创新价值时对新产品绩效有显著促进作用。Banbury 等(1995)对美国心脏起搏器产业的研究发现,当在位企业经常向市场中引入渐进性产品创新时,企业的市场份额会得到显著提高。Xin 等(2008)对 1986—2000 年间引入突破性创新产品的制造业企业的研究发现,突破性创新能够提高企业销售额,而对资产回报率的影响并不显著。Kyriakopoulos 等(2016)对高技术 B2B 企业的研究发现,突破性创新正向影响企业新产品绩效。

2.2.5 创新管理研究述评

综上所述,我们对创新过程、突破性创新和渐进性创新的定义与区别、创新管理分析的理论视角有了比较全面的认识。现有文献的许多重要发现和结论是本研究进一步深入分析的基础,然而这些研究仍然存在一些局限。

首先,企业既需要进行突破性创新也需要进行渐进性创新,这一观点已在学术上达成了共识,然而现有研究多从线性关系的角度分析两种创新与企业绩效的关系,忽略了特定产业背景下(如医药产业),这两种创新可能与新产品绩效存在非线性关系。现实情况下,低水平的渐进性创新往往导致竞争程度加剧、产品重复性增强,可能不利于绩效的提升,而高水平的渐进性创新,即对现有产品较大幅度品质的提升才可能提高企业绩效。这暗示渐进性创新可能与新产品绩效呈 U 形关系。

其次,现有研究多重点分析资源因素和能力因素在创新产生阶段如何促进企业创新行为的产生,也有一些研究侧重分析这些因素在创新获利阶段对企业新产品绩效的影响,然而这些研究多聚焦单一创新阶段。单独分析创新获利阶段或者是创新产生阶段不利于探究制度因素在创新过程中的整体作用机制。为了突破这一局限,本研究将创新产生和创新获利同时纳入研究模型。

最后,现有研究中,学者们重点关注了制度支持、政治联系作为前因是如何影响企业创新行为或企业绩效,忽略了制度因素在不同创新阶段影响机制的差异。从制度基础观的角度分析,制度因素可能会在创新产生阶段,驱动企业选择不同创新模式。PFI 理论认为即使企业能够开发出新产品,能否占有创新价值、获得更高的创新绩效也依赖于外部良好的法律法规保护企业的创新产品。这揭示制度因素也可能在创新获利阶段起到调节作用。因此,为探究制度因素影响企业创新的全面机制,有必要探究制度因素在创新产生和创新获利两个不同阶段的差异化作用机制。

第三节 制度信任研究

2.3.1 制度信任的研究层次和定义

制度信任是近年来信任分析的焦点领域。Bachmann 和 Inkpen(2011)强调"信任分析最重要的问题是将信任与商业关系嵌入的制度环境联系起来进行研究和分析"。Six(2014)认为,制度首先要具有可信性,以便于创造一种"信任氛围"。Child 等(2003)也指出,信任关系依赖信任者和被信任者所嵌入的制度环境。制度不能仅仅被看作简单地从上到下的强制工具,其效率首先依赖公众对制度的信任态度。

信任分析可以体现在不同水平上,如表 2-5 所示,Welter(2012)分析了信任类型、分析水平、信任目标和来源。Barber(1983)、Zucker(1986)、Giddens(1990)和 Shapiro(1987)等社会学家强调,现代社会中对匿名系统的信任是非常重要的,如货币系统和法律系统。从某种程度上讲,制度信任代表了个人或组织对宏观制度结构的信任。制度信任的客体目标主要包括文化规则、正式制度、商业基础、政府等。在微观水平,信任是在个人倾向的水平上产生的,经验、感知到的风险和不确定性、潜在的利益和损失都会影响个人信任。中观水平的信任更多体现的是一种集体信任。现有信任研究主要分析微观的个人信任和中观的组织信任,而对宏观层次的制度信任研究仍然有待进一步拓展。

表 2-5 信任的类型、水平、目标和来源

类 型	水 平	目 标	来 源
个人信任	微观	关系、人	情绪、意图、善意、善良、个人性格、经验、知识、能力

类 型	水 平	目 标	来 源
集体信任	中观	社团(如亲属、民族团体、职业) 组织(如网络、企业、产业协会)	团体的特点,信息、声誉、 建议、证书、职业标准
制度信任	宏观	文化规则(如规范、行为准则、价值观) 正式规制[如法律、认证和许可(Licenses)] 商业基础(如商业法庭、行政管理、金融组织) 政府	政府机构、制度环境

资料来源:Welter(2012)

由于研究情境、理论出发点的差异,现有研究对制度信任的定义并不统一,如表 2-6 所示,本书总结了现有研究对制度信任的几个主要定义。

表 2-6 制度信任的定义

作 者	制度信任的定义
Luhmann(1979)	系统信任意味着在多大程度上一个人相信合适的客观结构是存在的,这些结构使得一个人能够期望努力力是可能成功的
Zucker(1986)	当正式制度机制被用来提供信任时制度信任就会出现,且制度信任不依赖个人性格特点和过往的交换历史(p.61)
Giddens(1990)	对现代制度的信任是对抽象系统的信任,强调能力[可靠性和证书(Credentials)]而非动机(p.33-34,83-87)
Cook 等(2005)	对制度的信任就是对"制度安排质量"的信任
Bachmann 等(2011)	在商业环境中,个体或者是集体行为人,面对具体制度安排时发展起来的信任
McKnight 等(1998)	制度为基础的信任指一个人相信必要的客观结构是存在的,能够保证人们未来行为的成功,包含结构保证和情境正常两个维度
Fuglsang 等(2013)	以制度为基础的信任是与人际间的熟悉不同的一种产生信任的方式,是与正式的社会结构相绑定的,超越具体的交易和具体的交易行为人,成为我们所认知的外部世界的一部分,即变得制度化了
Hain 等(2014)	制度信任指对制度环境的信任,是在个人或组织相互交往之前就存在的。制度环境包括法律框架、法律的执行和一些软性制度因素(如社会对公平和诚实行为的态度)
张维迎(2003)	政府管制是一种制度安排,由政府管制支持的信任也是基于制度的信任。比如我们去药店买药,这个药品有政府主管部门的批号,我们信赖它,其实是对政府的信赖

续表

作 者	制度信任的定义
林丽和张建新（2002）	制度信任不是由人们理性的计算结果推断出来的,也非一种明确的契约,它是组织成员对制度或规则所达成的共识,依赖成员对制度和规则认同和内化的程度
Smith(2011)	对特定类型的制度规则、制度作用和制度规范的信任,而非对执行制度规范的人的信任
邹国庆等(2010)	制度信任是经济行为主体对社会制度(包括法规、规章、契约等)的肯定和认可

资料来源:作者整理

总结表2-6,一些学者对制度信任的定义强调制度是信任的客体(如 Hain 等,2014;Cook 等,2005);另一些学者强调制度为基础的信任,即制度结构的存在是组织信任和人际信任产生的基础(如 McKnight 等,1998;Bachmann 等,2011);还有一些学者采用系统信任来描述组织或个人对法律、规范等制度构成的整体系统的信任(如Giddens,1990;Luhmann,1979)。从表2-6 的分析不难看出,制度信任有几个特点需要注意:①制度信任产生的基础是良好的制度环境的存在,即制度信任与制度结构所绑定,这与 McKnight 等(1998)提出制度信任包含结构保证和情境正常两个维度是一致的,制度结构确保了交易成功的可能性增加;②制度信任的产生不依赖个人之间或组织之间相互交往的历史,超越具体的交易和具体的行为人;③制度信任建立在个体或组织对制度规则的共同理解和共同期望的基础上。

Möllering 等(2015)的深入总结认为,制度信任有三层含义。第一,对制度的信任,指制度是被信任者。在这一含义中制度是信任的客体。第二,制度能够支持信任者和被信任者之间的信任,这被称为制度为基础的信任。在这一含义中,制度是信任的载体,被看作是一个第三方的担保人。制度必须受到信任者和被信任者的信任以完成它的作用(第三方监督或者是担保)。例如,假定法庭是被信任的,公民彼此之间就会相互信任,如果一方做了错事,他们可以去法庭上进行裁决。第三,制度化的信任指在一个社会系统中,信任他人是一种规范,人们可以依赖这种规范。例如,当一种制度背景下,人们进法庭的概率非常小,并且人们通常相互交往不会考虑或者期待进法庭,那么人们之间相互信任就已经制度化了。

总结分析现有研究:①制度作为一种客观存在的抽象的规则,其本身是否完备、是否被严格执行、是否在给定的时间内保持相对稳定等都影响个人或组织对制度本身是否信任。②制度的基本功能是规制组织和个人行为,维持社会秩序。因此,从功能上讲,制度结构的存在是人际间、组织间信任产生的基础。③制度信任独立于人际间和组织间相互交往的历史而存在。

2.3.2 制度信任研究进程

如图 2-3 所示,本研究认为现有文献对制度信任的研究进程大致可以分为三个阶段。

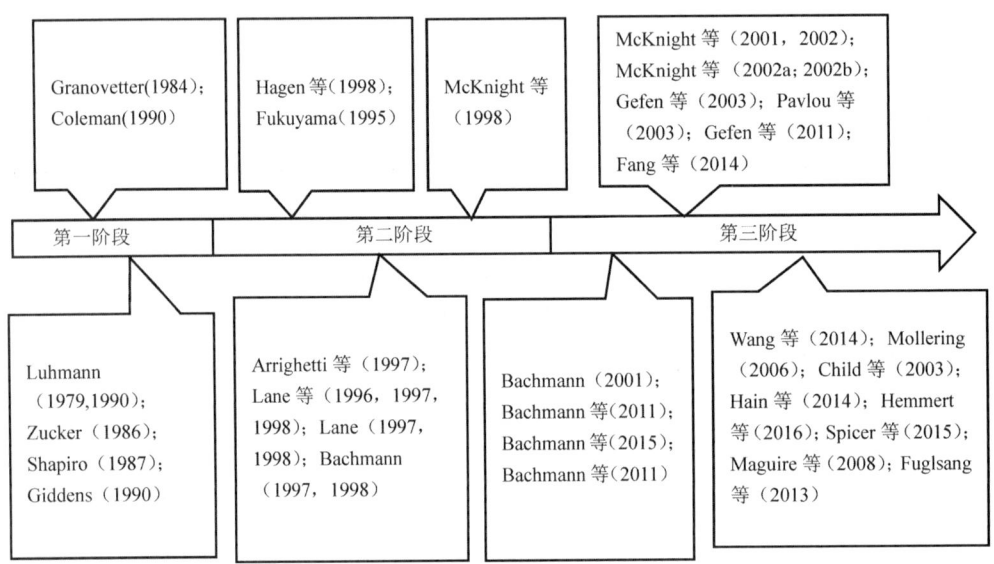

图 2-3 制度信任研究进程

资料来源:作者整理

(1)第一阶段(20 世纪 70—80 年代),社会学领域的学者和制度理论家们从结构角度、历史分析和功能主义的角度分析了宏观制度信任的重要性,这些学者包括 Luhmann(1979,1990)、Zucker(1986)、Giddens(1990)、Coleman(1990)。

Luhmann 是最早从社会学视角研究信任的学者,他对信任的论述和分析主要反映在其代表作《信任和权力》《熟悉、信任和信心》上。Luhmann 从新功能主义视角区分了人际信任和系统信任,将抽象系统纳入信任的客体范畴。Luhmann 指出,人们假定系统能够发挥相应的功能,从而产生制度信任,系统信任建立在外部法律、法规组成的制度系统的基础上。系统的存在降低了不诚信行为发生的概率,法律惩罚机制或预防机制降低了社会交往的复杂性,起到促进人际信任形成的作用。从 Luhmann 的角度看,行为人投入信任需要考虑如何降低不确定性,而非计算投入信任可能带来的有利可图的机会。

Coleman(1990)的理性选择理论认为信任本质上是一种微观现象,可以揭示包括规范和制度在内的宏观结果,强调人们选择信任制度的目的在于最大化个人利益。

Giddens 认为对人的信任涉及面对面的接触和承诺,而系统是抽象的,系统信任是"没有面对面的承诺的",稳定的制度安排、专业标准、规则和程序是系统信任的来源。Giddens(1990)的结构理论在关于信任和权利的基本功能的观点上分享了 Luhmann 的系统信任理论的观点,拒绝了 Coleman 持有的信任或控制的理性选择理论的观点。

Zucker(1986)区分了三种类型的信任:制度为基础的信任、性格为基础的信任和过程为基础的信任。她认为制度为基础的信任在美国社会工业化发展过程(1840—1920)中起到了重要作用。尽管 Luhmann 和 Giddens 称之为"系统信任",但本质上与Zucker 提出的制度信任是一致的。

(2)第二阶段(20 世纪 90 年代),学者们对制度信任的维度、制度信任在组织信任修复中的作用、制度信任在国家商业系统中的作用等主题展开了探索。

McKnight 等(1998)提出了初始信任建立的整合模型,认为制度信任在组织信任和个人信任的初始建立阶段起到更加重要的作用。他们将制度信任划分为结构保证(Stucture assurance)和情境正常(Situational normality)两个维度。

Fukuyama(1995)从社会文化的角度对比分析了美国、英国、德国、意大利及亚洲各国文化、信任和经济活动的关系,认为制度信任是各个国家竞争力的重要组成部分,高信任度的社会有更强的国家竞争力。Fukuyama(1995)着重分析了人们对非正式制度(如文化、惯例等)的信任。非正式制度发挥也依靠制裁发挥作用,只不过这种制裁是非强制的,其基础是互惠义务的道德压力。这解释了为什么一些社会文化中人们倾向于对他人有更高的信任,而另一些社会文化中人们对他人的信任程度相对较低。

Bachmann 和他的同事们对比分析了德国、意大利和英国的国家商务系统中制度信任的差异及制度信任如何影响企业间合作和运营效率。Lane 和 Bachmann(1996)对比分析了德国和英国的国家商业系统,发现购买方和供应方之间的信任并不是在个人水平上自发形成的,而是高度依赖稳定的法律、政治和社会制度的存在的。Lane(1997)的研究发现,与英国相比,德国治理商业关系的制度环境的(包括技术标准、市场规则、法律规范)稳定性和一致性较高,使供应商和购买者之间相互信任性较高,促进了相互间紧密合作关系的建立。

Hagen 等(1998)对日本汽车企业间买家-卖家关系的研究认为,制度和社会惩罚机制促进了合作关系信任的产生。Pearce 等(2000)对匈牙利企业和美国企业的对比研究发现,制度信任并不是人际信任产生的必要条件。Sitkin 等(1994)则强调过于严格的制度控制可能损害信任,特别是当法律机制会导致对冲突的反应僵化的时候,这时需要将高水平的集权替代成更加灵活的冲突管理机制。

(3)第三阶段,2000 年之后到现在,制度信任成为信任研究领域学者们关注度最高的主题之一,推动了制度信任在第三阶段的快速发展,其中制度信任在电子商务中的应用发展最快。许多学者(如 Pavlou 等,2003)研究了电子商务领域中制度信任如何影响消费者的信任意图和在线购买行为。

Bachmann 和他的同事们从理论上分析了制度信任产生的机制(Bachmann 等,2011)、制度信任在信任修复中如何起作用(Bachmann 等,2015)。

Welter 等(2012)观察到,在稳定的制度环境中(如德国),个人信任在商业关系中起到次要作用,而制度信任起到更主要的作用;相反,在制度不完善的国家,个人关系和信任起到更加显著的作用。Smallbone 等(2006)对东欧国家的研究发现,从中央计划经济向市场经济转型的国家中,许多制度变革没有聚焦创业者需求,导致创业者对制度的不信任,阻碍了企业的创业活动。他们指出,制度信任低阻碍创业的现象在那些经济、政治和社会改革比较慢的国家更加突出。

Dyer 和 Chu(2003)发现,日本、美国和韩国三个国家的汽车供应商对制造商的信任程度不同,其中日本信任度最高、美国次之、韩国最低。在日本的商业环境中,高水平信任是由比较强的制度和实践支持的,这些制度化的实践促进了合作行为,同时惩罚了潜在的欺诈行为;此外,关于企业是否诚实的信息通过非正式的社会网络传播非常快,也进一步鼓励使用信任作为一种社会规范。

Hain 等(2014)指出,在跨境资本交易中,制度信任能够正向影响双边的风险资本投资活动,降低地理距离、社会距离和制度距离对双边风险资本投资活动的负面影响。Wang 等(2014)、Spicer 等(2015)等学者则将制度信任的研究扩展到了知识分享、信任修复、企业并购等更多领域。

总体而言,第一阶段学者们初步意识到了制度信任的重要性,他们的研究更着重国家商务系统、货币系统等宏观环境中的制度信任发展、形成机制和可能的影响。从第二个阶段开始,一直到第三个阶段,学者们逐渐将制度信任拓展到了更广泛的领域,如电子商务、供应链、企业创业等领域,并在实证分析上进行了一定探索,但实证分析多集中在电子商务领域。

2.3.3　制度信任维度划分

尽管制度信任在理论分析中受到了高度关注,然而其维度划分研究却相对比较滞后。Zucker(1986)并没有明确划分制度信任的维度,McKnight 等(1998)、Pavlou 等(2004)对制度信任的维度划分进行了一定的探索。

第一,McKnight 等(1998)认为,制度信任之所以能支持信任意图的产生,是因为结构保证和情境正常的作用。一方面,他们吸收 Shapiro(1987)的"制度结构起到保护功能"的观点,提出了制度信任的结构保证维度。结构保证指规制、担保和法律资源等制度结构的存在。由于有结构保证,使依赖其他人或者信任其他人感到比较安全,制度就像一个"安全网"。另一方面,作者提出了制度信任的情境正常维度。情境正常指个人或组织感知到事情看起来比较正常,或者处于比较正常的秩序。情境正常降低了不确定性,使人们在采取信任他人或组织的冒险行为时感觉到比较安全。

McKnight 等(1998)对制度信任的维度划分是推动制度信任在组织管理领域研究的良好开端。随后,很多学者(如 McKnight 等,2001;Pavlou 等,2004)依据他们的研究,设计量表验证制度信任与其他因素之间的关系。

第二,Pavlou 等(2004)在研究 B2B 在线交易时,认为感知到的制度机制的有效性通过构建信任、减少风险促进了在线交易的进行。他们将制度相信划分为监控有效性认知、反馈有效性认知、认证有效性认知、契约有效性认知、规范有效性认知五个组成部分。感知到的制度机制的有效性既包含了"弱机制"[市场驱动(Market driven)],也包含了"强机制"[法律约束(Legal binding)]。

第三,在 Zucker(1986)研究的基础上,Pavlou 等(2004)指出制度信任包含两种类型:双边制度信任和第三方制度信任。双边制度信任指对能促进成功交易的程序、流程及规范的公正性、稳定性以及可预测性的主观信心。第三方制度信任指对中间机制驱动起到担保结构的信任。在整合 McKnight 等(1998)研究的基础上,Pavlou 等(2004)指出这两种类型的制度信任都由结构保证、促进条件和情境正常三个维度组成。

2.3.4　制度信任形成机制

现阶段,专门对制度信任形成机制进行分析的研究仍然相对较少,对这一主题的探讨主要散见于一些学者的论述中。首先,Zucker(1986)重点分析了法律法规、中介机构和第三方机构通过何种机制产生制度信任。①正式的法律法规把原来只针对特定对象或特定情境的不成文规范变成了适用于一般情境的法律、法规。一方面,制度促进了交易双方的信任。以保障个人权利及财产权利的法律和管理冲突、纠纷及合作的法律为代表,这些制度起到了规范交换关系双方行为、增加彼此可信任性的作用。另一方面,交易双方形成了对制度结构的信任,相信已经存在的制度结构能够制裁违反法律、法规的机会主义行为。法律、法规提供了一种结构性保障,将违反法律规定和规范的行为的制裁措施制度化,使得合作双方都相信制度制裁的规范力量。②专业协会及认证机构也因为其公信力成为信任的来源。个人或组织能够成为专业协会的会员表示其具备了某种程度的专业技能。因此,认证机构根据职业标准提供认定证书证明了某些企业或个人在相关专业技能领域的能力。③中介机构作为一种制度性结构的存在,也起到促进组织间信任的作用。Zucker(1986)认为金融保险等中介机构的存在使个人期望得到某种程度的保障,进而愿意相信特定情境下的交换对象,如金融机构提供的个人经济证明,保险机构提供的保障证明,都能增加经济交易中双方的信任。

其次,Bachmann 和 Inkpen(2011)提出了制度影响信任形成的 4 个机制,如表 2-7 所示。①作为一种正式制度,法律规则清晰定义了哪些行为是合适的,哪些行为是不合适和会受到惩罚的。因此,法律规制使行为人的期望和行动一致起来,能够有效降低交易风险。②声誉机制代表了一种非正式的行为规范机制,传递出企业可能的行为的信号。那些将声誉作为宝贵社会资本的组织不会进行有损声誉的行为。与正式制度类似的是,声誉机制也通过惩罚限制欺骗行为,因为声誉的破坏会导致企业丧失很多商业机会。与正式机制不同的是,声誉不是影响双方的行为的前因,而仅仅影响相互交往活动的惯例和实践。③对交易一方的正式认证是制度起作用的另一个机制,其作用的目标是双方交易行为的前因,影响信任者和被信任者对未来诚信行为的期望。作为一种标准化认证体系,这种认证有利于商业伙伴间管理风险和构建信任。④社区规范、结构和程序组成的非正式制度为信任者和被信任者之间特定的交往行为赋予意义,主要影响交换双方的惯例和实践,起到了第三方担保的功能,增强了在此系统中的被信任者的可靠性。

表 2-7 制度信任形成机制

机 制	目 标
法律规制	关系前因
声誉	相互交往的实践
认证(certification)	关系前因
社区规范(community norms)、结构和程序	交往实践

资料来源:Bachmann 等(2011)

最后,房莉杰(2009)以新型农村合作医疗制度为例,提出了制度信任从宏观到微观形成过程的模型(图 2-4)。这一过程由 5 个步骤组成:①制度环境通过社会化内化于个人;②制度受众一方面利用制度规则传达的信息权衡成本收益;③结合过去经验判断规则在多大程度上可信;④整合两个分析过程,制度受众形成具体信任态度;⑤进而指导其做出遵守或者是不遵守制度规则的决策。

2.3.5 本研究总结的制度信任形成机制

尽管不同学者对制度信任形成机制提出了不同的观点,然而这些研究仍然不够系统,在梳理和总结现有文献的基础上,本研究提出了如图 2-5 所示的制度信任形成机制模型。如图 2-5 所示,本研究进一步详细阐述了制度如何通过控制、制裁和惩罚、第三方担保、信誉、共同理解和期望等几个中间机制形成制度信任。

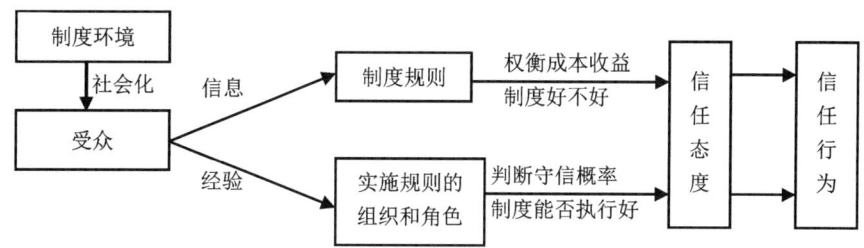

图 2-4　房莉杰提出的制度信任产生机制

资料来源:房莉杰(2009)

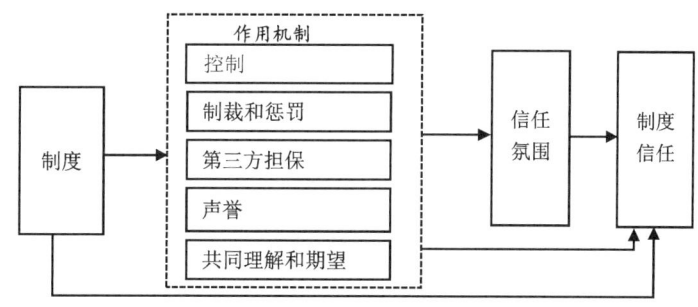

图 2-5　制度信任形成机制

资料来源:作者整理

第一,制度通过控制作用阻止机会主义行为发生,增强组织或个人对确定性结果的感知,促进信任的形成和发展。法律系统组成的正式制度,一方面通过国家资助的行政机关规制某些行为,发挥规制性功能;另一方面,也为遵守法律要求的组织或个人提供正式的法律保护,发挥制度的保护性功能。因而,制度信任之所以能成为组织间信任和人际信任产生的基础,很大程度上是因为法律系统控制机制的存在,使得个人或组织认为伤害行为或者是机会主义行为可能是小概率事件。Hagen 等(1998)对日本社会的研究发现,社会控制既具有控制行为的功能,也是支持信任产生的基础。赵学锋等(2012)指出,消费者通过对外界客观制度管控的感知,了解制度控制在多大程度上能有效减少投机行为,这种控制措施使得消费者内心产生安全信任感。然而,当法律机制导致对冲突的反应比较僵化的时候,控制也可能会伤害信任(Sitkin 等,1994)。

第二,制裁和惩罚也是制度信任产生的重要机制。正式的法律制度明晰界定了哪些行为是合适的、哪些行为是会受到法律的制裁和惩罚的,进而起到限制机会主义行为、维持交易秩序的作用。非正式制度发挥作用依靠的也是制裁的力量,只不过这种制裁是非强制性的,其基础是互惠义务的道德压力(Fukuyama,1995)。Hagen 等(1998)对日本企业间的供应商关系的信任进行了研究,认为企业间的信任并不是与生俱来的,而是制度机制和社会制裁机制共同发挥作用的结果。

第三,制度安排像第三方担保人那样,降低被信任者不可信行为发生的风险,使个人或者组织能够找到信任他人的理由。例如,在德国,强有力的行业协会的存在,为商业行为提供了正式和非正式的规范,有助于发展制度为基础的信任和组织间信任(Lane 等,1996)。张维迎(2003)认为:"各行各业都有自己的行为规范,我们信赖会计师,是因为会计师有一整套严格的培训、考试标准,拿到会计师资格之后,行业内部对他的行为还有约束。"在电子商务中,平台企业不但设立规则来限制卖方的机会主义行为,同时也为其交易行为提供担保,从而通过这种制度信任促进交易的完成。

第四,信誉机制也是产生制度信任的重要机制。因为法律法规、职业规范等制度提供了声誉。不好的声誉在人际网络内扩散,使得违反互惠义务的成员受到其他成员的排斥,最终导致企业丧失有利的商业机会(Bachmann 等,2011)。张维迎(2003)指出:"如果大家都遵守这种社会规范的话,你不遵守社会规范就会受到很多人的谴责,那你在人群里就很难混下去。"

第五,制度信任源自个人或者组织对规则的共同理解和共同期望。一方面,Kramer(1999)认为,规则为基础的信任并不是一套经过意识加工后的理性行为,而是对规范行为的规则的共同理解的结果。March 等(1989)也持类似观点,他们认为规则为基础的信任之所以能够保持"并不是因为清晰地契约……而是,由于规则结构的社会化"。因此,如果个人或组织对彼此遵守的制度系统的信心比较高,那么相互之间的信任度就会比较高。稳定的制度能够降低背叛的风险,原因之一是这些制度建立了共同的行为规范和标准。另一方面,制度隐含了高度的理所当然性,使之前没有相互共同经验和历史交往的行为人之间能够形成共同的期望。这些共同的期望是由行为人所嵌入的制度环境塑造的。Lane 等(1996)提出企业间关系的不仅仅是自发的个人水平的信任,也依赖共享的期望。

本研究总结的这些制度信任形成机制与郑也夫(2015)的观点是一致的。他提出:"信任与法律仍然相互作用。信任要感谢法律对风险的限定。信任在相当程度上依赖于奖惩,虽然奖惩的方式不囿于法律。奖惩可以是名声的传播也可以是物质的得失;可以是互惠关系的终止,也可以是秘密社会中对背信的残酷的报复。法律对很多背信行为增加了一重约束。除了法律的物质惩罚外,法律的判决对一个人的名声也有重要影响,而名声与信任有着最紧密的联系。此外,法律也要仰仗于信任。说到根本,法律不是依赖于其条款,而是依赖于人们对法理的信服、敬畏和遵从"。

2.3.6 制度信任研究述评

以上分析使我们对制度信任的概念、研究进程、作用机制有了比较全面的认识,然而,现有研究存在的一些局限也是不能忽视的。

第一,已有研究主要聚焦两个方面,一是从宏观角度研究国家商业系统的制度信任,二是从微观的角度分析消费者对电子商务网络制度的信任如何影响其购买意图和购买行为。相对而言,现有研究对企业水平的制度信任研究和探索不足。

第二,制度信任在中国情境下的研究相对较少。大部分研究,如 Zucker(1986)、Bachmann 等(2011)和 Hagen 等(1998),都以发达国家为研究背景。他们分析的逻辑基础和研究结论对我们进一步在中国情境下展开制度信任研究有一定启示,但并不完全适用于中国的制度变革、经济发展情境。一些学者对中国情境下的制度信任展开了初步探讨(邹国庆等,2010;张维迎,2003;郑也夫,2015;房莉杰,2009),但这些研究关注的面相对比较狭窄,实证研究主要集中在电子商务方面,理论分析主要集中在社会学层面。

第三,制度信任的维度划分有待完善。以 McKnight 等(1998)为代表的学者将制度信任划分为结构保证和情境规范两个维度。尽管 Pavlou 等(2004)、邹国庆(2010)等对制度信任的维度划分进行了一定拓展,但仍然没有超越 McKnight 等(1998)的二分维度划分法。这种维度划分主要应用在电子商务情境中,很难反映企业层面的管理者对外部制度环境的信任水平。企业水平的制度信任维度划分和测量有待进一步探索和发展。

综上所述,本研究将制度信任定义为企业对外部环境中起到约束作用的法律、法规组成的正式制度的感知信任。进一步地将制度信任纳入到理论模型中,不但研究其在创新产生阶段与政治联系和制度支持的交互作用对企业突破性创新和渐进性创新的影响,也分析其在创新获利阶段可能起到的调节作用。一方面,鉴于中国的制度环境的独特性,以中国情境作为研究对象对制度信任展开深入理论分析和实证检验可能为制度信任研究提供新的理论见解,对该理论的拓展有重要意义。另一方面,将制度信任研究拓展到企业战略层面,有利于在外部客观制度环境和企业内部战略选择之间搭建一个沟通的桥梁,有利于弥补现有制度理论研究忽视企业对外部正式制度认知的局限。

第四节　制度支持研究

2.4.1　制度支持的概念界定

制度支持又称"政府支持",主要指由政府发起,并由其行政主管部门执行,为企业提供的直接财务资助、支持性政策等(Shu 等,2016)。林亚清等(2013)提出:"所谓制度支持是指行政机构(如政府部门、行政机构和监督机构等)为企业提供更多的支持,从而减少制度不完善所带来的负面影响。"

2.4.2 制度支持对创新的影响

制度支持是一种法律之外的正式制度,经常被各国政府使用推动技术发展、促进经济成长(Shu 等,2016),也是政府促进企业创新的制度工具。政府往往通过制度支持对商业活动进行一定程度的干预,以引导企业创新和产业发展的方向与速度。因此,从制度理论的角度看,制度支持代表了重要的激励性正式制度因素,是一种重要的正式资源性制度因素。对企业而言,能否获取政府支持深刻影响其战略制定,特别是昂贵的技术创新活动。因而,制度支持既是企业面临的重要外部环境,也是企业重要的战略资源。

美国联邦政府为推动企业持续创新,在供给、需求、环境和法律保障方面制定了一系列有利于企业创新的政策性制度条件。1998 年德国联邦政府投入了大约 22 亿欧元的资金,以推动企业研发和创新(Almus 等,2003)。印度科学技术部设立了技术发展项目,支持仪器发展和药品生产工艺的改进创新,以提高本地企业的技术能力(Malik 等,2009)。20 世纪 90 年代,新加坡政府为半导体产业提供研发资金、研发实验室促进了企业技术能力的升级,吸引了许多跨国企业在新加坡进行高附加值的芯片设计、研发支持、晶片制造等创新生产活动。台湾地区从 1999 年开始由"经济部技术处"实施 SBIR(小型企业创新研发计划),为小企业提供研发补贴,促进企业技术创新活动。

在中国,制度支持对创新的影响相对其他发达国家的影响更大。原因有三个方面:一是中国政府往往控制着大量稀缺资源——如土地、银行贷款、资助和税收优惠;二是政府主导大量产业促进政策制定,且这些制度支持涵盖了更多的产业和企业;三是政府支持政策的变化相对比较频繁。

制度支持能否起到预期作用,矫正创新市场失灵的现象,不同理论视角、不同学者的研究和观点仍然存在争议。如图 2-6 所示,本研究对现有制度支持研究进行了总结。

首先,许多研究关注政府提供的直接研发资助对企业自身研发投入的影响,但并没有得出一致性结论。一些研究发现政府提供的研发资助起到了"杠杆作用",会刺激企业自身加大研发投入。杨德伟等(2011)对 2007—2010 年连续四年在董事会报告中披露研发强度的深市中小板民营上市企业的研究发现,政府研发资助显著促进了企业研发强度的提高。Zhu 等(2006)对 1993—2002 年上海 32 个产业的研究发现,作为一种激励性政策工具,政府对科学技术活动的直接资助对产业自身研发投资有

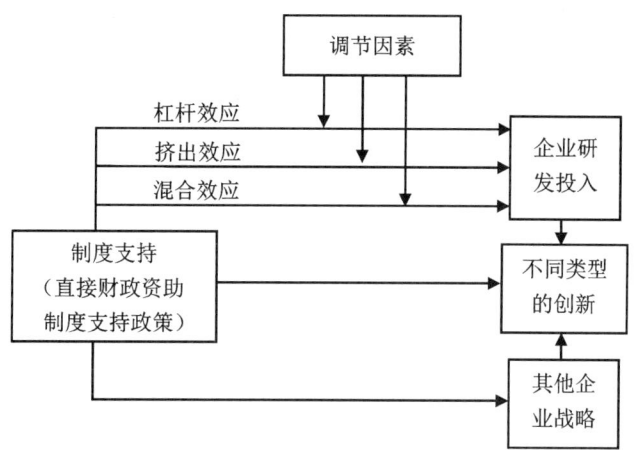

图 2-6　制度支持的作用机制

促进作用。Almus 等(2003)对德国企业的研究发现,获得制度支持的企业研发强度比没有获得制度支持的企业更高。

也有一些研究发现,直接的政府研发资助起到了"挤出效应",降低了企业自身研发的投入。基于美国小企业创新项目(SBIR)的数据,Wallsten(2000)发现政府研发资助挤出了企业自身的研发投资。

另一些学者认为政府研发资助对企业自身研发投入的影响并不是简单的"杠杆"或者是"挤出"效应,可能呈现出 U 形关系,或者依赖具体情境而出现不同影响。Hussinger(2008)对德国制造业 3 744 家企业的分析发现,政府补贴与企业研发强度呈 U 形关系,低水平政府补贴会降低企业研发强度;而超过阈值水平后,政府补贴会正向影响企业研发强度。肖丁丁等(2013)对中国企业的研究发现,政府对中西部企业的研发资助会产生挤出效应,对东部企业的研发资助会产生杠杆效应。聂鸣等(2014)基于投入—产出的视角,将政府科技支持对象划分为企业、高校和科研机构,其实证研究结果表明,政府对三个研究主体的科技资助都与区域研发产出正相关,但是不同创新主体的弹性系数存在显著差异。余泳泽(2011)采用 SFA 方法的研究结果显示,政府支持对高校、科研机构和企业科技创新均有负面影响,创新主体出于自主意愿的技术研发效率更高。

总结这些研究,政府研发资助对企业自身研发投入的影响究竟是起到"杠杆"作用还是"挤出"作用取决于很多具体的调节因素。这些因素包括政府资助水平、创新类型、时间期限、企业分布区域等。

其次,不同类型的制度支持对创新行为可能产生不同的影响。张春辉等(2011)采用演化博弈理论的分析认为,创新投入补贴和创新产品补贴提高了企业选择突破性创新的可能性,降低了企业选择渐进性创新模式的可能性。Wei 等(2015)将政府支持划分为垂直支持和水平支持,其中垂直支持指政府为企业提供的直接研发资助,水平支持指地方政府制定的区域范围内的创新政策。他们认为垂直政府支持能够促进特定企业或者是产业的创新投入,而水平政府支持则能够改善企业创新的外部环境。曾萍(2014)对珠三角地区173家企业的实证研究发现,财税政策支持对技术创新的影响不显著,但是正向影响管理创新;创新环境建设对技术创新有显著正向影响,但对管理创新的影响不大。

最后,除了对创新行为的影响,一些学者发现制度支持对企业创新绩效也有促进作用。Szcyggielski等(2016)对土耳其和波兰企业的研究发现,政府研发资助对两国企业的创新绩效都起到促进作用。Hottenrott等(2014)发现研发资助增加了创新产品的销售额。林亚清等(2014)对广东省186家企业的实证研究发现,制度支持正向影响企业绩效,战略柔性中介了制度支持和企业绩效之间的关系。Li等(2001)比较了制度支持和政治联系分别对新创企业的创新战略和企业绩效的不同作用。

2.4.3 制度支持的作用机制

首先,单独依靠市场机制,企业创新存在严重的激励不足问题,基于经济学的逻辑,许多学者认为政府研发补贴有助于克服市场失灵现象,促进企业研发投入的增加。创新具有投入大、成本高、技术外溢等特点,"搭便车"现象、占用机制不足等可能出现的问题会严重限制企业从创新中获取高额利润。政府机构为企业创新提供研发资助、建立良好的创新政策,目的就是矫正市场机制的不足,激励企业对创新活动加大投入。一方面,制度支持为企业提供一定的研发资助,优化了社会资源配置,降低了企业的研发风险。另一方面,能够获得制度支持也有助于企业从其他渠道获取研发资金。资本市场可能是不完备的、信息可能是不对称的,风险性较高的研发项目可能难以获得风险投资,在这种情况下,政府研发资助充当了企业质量和研发项目认证的角色,有利于企业在资本市场上顺利融资。此外,作为制度支持的重要形式之一,良好的产业创新政策的建立起到了引导风险资本、社会资本在特定产品和技术方向上加大投资的作用。

其次,创新管理研究中,许多学者结合资源基础观和制度理论分析了制度支持对创新行为(Shu等,2016;Sheng等,2011)、创新结果(高山行等,2016)的影响。从资源基础观的角度分析,资源缓冲是解释制度支持对企业绩效影响的主要机制之一。而从制度理论的角度分析,获取政府支持代表企业获得了政府机构一定程度的认可,是提高企业政治合法性的重要途径,也向竞争对手和消费者传递出企业具有较高合法性的信号。

最后,制度支持并不总是产生积极结果,受限于有限理性、信息不对称等问题,制度支持可能是低效率的,甚至会产生负面结果。一些学者认为,由于较高的成本、替代效应、可能刺激腐败和生产性无效率,公共资助实际上导致了社会福利的损失,也可能无法有效促进企业创新行为。由于信息不对称、技术不确定性、企业技术评价体系和信息披露机制的局限,政府很难充分了解并评估企业的研发能力和技术水平,这导致政府资助可能并没有提供给那些更需要的企业。陈玲等(2016)指出,政府支持可能是低效率的,也可能扭曲市场激励机制、降低市场效率。安同良等(2009)指出,尽管我国政府惯常将研发补贴当作激励企业进行创新的政策工具,但是企业却经常发送虚假"创新类型"的信号以获取政府的研发补贴。

总结以上三点分析,制度支持对企业和产业创新的影响可能比较复杂,无论是正向影响还是负向影响,抑或是曲线关系都能找到理论依据和实证支持,这些观点启示学者们去探寻可能会影响制度支持与企业创新之间关系的边界条件。因此,在分析制度支持和创新之间关系时,考虑具体的情境因素是得出准确的结论的必要方法。

2.4.4 制度支持研究述评

以上综述使我们认识到,制度支持是各国政府普遍采用的促进企业创新、产业结构调整的制度工具。一般而言,制度支持可包括直接的财务支持(包括政府为企业提供研发资助),也包括制定支持政策,还包括一定的税收优惠。经济学逻辑认为政府机构提供的研发资助,有助于克服市场失灵,激励企业加大创新投入,起到了"杠杆作用"。资源基础观认为制度支持代表了企业可以获取的低成本的稀缺资源,是企业竞争优势的重要来源。制度理论则认为获得制度支持的企业有利于增强其制度合法性和社会合法性,代表企业获得了政府机构的认可和接受。但是由于信息不对称、政府过度干预等问题,制度支持并不总是对企业创新产生促进作用,也可能会阻碍企业的创新活动。这些分析使我们对制度支持有了比较系统的认识,然而,现有研究仍然存在以下两个方面的局限。

首先,现有研究对制度支持如何与其他制度因素的相互作用影响企业战略行为的研究相对有限。尽管一些学者讨论了制度支持和政治联系影响创新类型和创新绩效的差异(Li等,2001;Shu等,2016),但是制度支持与规制性制度因素如何相互作用影响企业战略行为仍未得到充分关注。

其次,很多研究对制度支持的分析没有考虑行业异质性。市场结构与技术创新之间有密切相关,由于行业异质性,同样的激励政策在不同行业中可能有不同效果。例如,肖虹等(2013)研究发现,税收减免政策明显提高了中国高技术行业企业的R&D投资,但并未提高低技术行业企业的R&D投资。

第五节 非正式制度因素

企业与政府建立的相关关系,可以被称为非正式制度因素。许多学者认为政治联系代表了一种非正式制度因素,可能对企业创新行为产生重要影响(Gao 等,2015)。政治联系主要指企业管理者与各级政府、管制和支持机构官员之间的社会联系。现有政治联系的研究多采用 Peng 等(2000)的定义。例如,Sheng 等(2011)将政治联系定义为企业管理者与各级政府机构建立的非正式社会联系(social connections),其中包括中央政府、地方政府、管制结构(如税务局)的官员。

2.5.1 概念区分

学者们在研究政治联系这一非正式制度因素时涉及了三个相似度非常高的概念:政治联系(Political ties)、政治网络(Political networking)和政治关联(Political connections),因此,有必要对这三个概念区别和联系进行分析,如表 2-8 所示。

仔细分析已有文献,本研究发现这三个概念都是新近发展起来的,用以帮助学者们分析企业和政府建立的非正式关系如何影响企业的绩效、创新、机会识别等战略行为和结果。国外学者们从 20 世纪 70 年代开始研究企业高管的政治背景对企业战略的影响。例如,Pfeffer 和 Salancik(1978)在分析资源依赖理论时指出,政府官员进入企业董事会可以帮助企业管理对政府的依赖性。

表 2-8 区分政治联系、政治网络和政治关联

类别	政治联系	政治网络	政治关联
定义	企业管理者与各级政府官员,包括中央政府、地方政府、管制部门建立的非正式社会联系(Sheng 等,2011)	企业管理者花费资源培养的与政府官员之间的关系网络(Li 等,2001)	指企业的大股东或企业高管(包括总经理、副总经理、董事会秘书等)中的一人为议员、政府官员或与政府部门、政党有着密切的关系(Faccio 等,2006)
测量	多采用问卷调研	多采用问卷调研	多采用二手数据,通过测量企业管理者的政治背景作为代理变量
关注点	主要关注企业管理者与政府官员建立的私人关系		重点关注企业管理者在政府机构担任职务和企业对政府官员聘任而形成的关联
共同点	都强调与政府官员建立的联系能够帮助企业获取有利的规制条件、资源的作用,对企业绩效的积极作用		

续表

类别	政治联系	政治网络	政治关联
主要文献	Peng 等（2000）;Gao 等（2015）;Guo 等（2012）;Shi 等（2013）	Li 等（2001）;林亚清等（2013）	Li 等（2008）;Faccio 等（2006）
研究情境	中国	中国、其他新兴经济体国家	中国、新兴经济体国家、发达经济体国家,特别关注上市企业

资料来源:本研究总结

  Fisman(2001)最早提出政治关联这一概念,用以描述企业管理者与政府官员之间紧密的私人关系。在考察印度尼西亚企业时,他的研究发现,有些企业与当时的总统苏哈托构建的政治利益集团建立了紧密的政治关联,当苏哈托健康状况恶化的消息传出时,企业政治关联程度越高的企业市场价值下降越严重。后续学者对政治关联研究进行了多方面拓展。Faccio 等(2006)认为,"政治关联指企业大股东或者企业高管(包括总经理、副总经理、董事会秘书等)中的一人为议员、政府官员,或与政府部门、政党有着密切的关系。"Faccio 等(2006)发现,政治关联在为企业提供融资便利、较低的税率以及增强市场势力等方面发挥一定作用;他的研究进一步指出,政治关联在那些产权保护弱、腐败程度高、政府干预强的国家或地区更加普遍。企业政治关联无论是既存在于新兴或转型经济国家,也普遍存在于发达资本主义国家。许多学者先后对美国、印度尼西亚、泰国、马来西亚、巴西、台湾、中国等国家或地区的政治关联问题进行了实证研究。

  政治联系也是描述企业管理者与政府官员之间形成的非正式关系的,但这一概念结合了中国社会关系取向的文化特点。Xin 等(1996)首次将中国传统社会中的"关系(Guanxi)"概念引入到管理理论研究中,用以描述企业管理者花费时间与其他组织建立的个人联系。在论证 Guanxi 对企业的影响时,Xin 等(1996)吸收了西方学者对联系(ties)的观点,他们发现私人企业比集体企业和国有企业更依赖关系,关系能够提供多种利益。

  Peng 和 Luo(2000)分析管理者联系如何影响企业绩效时,首次提出了政治联系的概念。他们对管理者联系的研究,一方面吸收了 Granovetter(1985)和 Powell(1990)的企业间合作关系的观点,另一方面整合了中国特定文化情境中对关系(Guanxi)的研究,区分了商业联系和政治联系两种类型的管理者联系。后续学者分析了政治联系如何影响企业绩效(Sheng 等,2011)、创新(Wu,2011;Gao 等,2015)、机会捕捉(Li 等,2014)。这一概念的测量和实证研究多基于中国的商业情境。

  政治网络(Political networking)这一概念最早在 Li 等(2001)的研究中出现,描述企业管理者花费资源培养与政府官员之间的关系网络。Li 等(2001)强调政治网络是与 Guanxi 类似的概念,是企业在中国制度不完善的情境下的一种替代选择。因此,政治网络与 Xin 和 Pearce(1996)提出的关系概念具有延承性。后续也有一些学者沿用这一概念,但是与政治联系和政治关联这两个概念相比,政治网络在文献研究中使用相对较少。Kotabe 等(2014)对 108 家中国企业的研究认为,企业政治网络能力和吸收能力在帮助企业克服资源限制、推动企业创新上起到了互补作用。

综合来看,政治联系和政治网络两个概念起源于西方管理学和经济学研究,但是结合了中国特色的"Guanxi"文化考虑,因此,这两个概念更多地应用在中国的商业情境中。在测量上,这两个概念多采用问卷调研的方法,更多关注企业管理者与政府官员建立的非正式的私人关系。政治关联这一概念无论是在发达国家情境还是在新兴经济体的商业情境中都得到了广泛的研究。政治关联更多采用二手数据进行测量,重点关注企业管理者在政府机构担任职务或者是企业聘用曾经的政府官员担任董事会成员的职业背景。尽管存在以上差异,但是三个概念在研究中仍有一些共同的基本观点,如与政府建立联系有利于企业获取政府控制的稀缺资源、便利的制度条件等。本研究重点研究企业政治联系,基于 Peng 等(2000)的研究将政治联系定义为企业管理者与政府官员建立的非正式个人关系。

2.5.2　非正式制度因素的研究焦点

许多学者对政治联系如何影响企业创新、绩效、知识分享等展开了深入的分析。如表 2-9 所示,本研究总结了近年来政治联系的研究焦点。

表 2-9　企业政治联系的研究焦点

研究焦点	代表文献
政治联系和商业联系对企业绩效、创新等结果变量的不对称影响	Shu 等(2012);Wu(2011);Sheng 等(2011);Lin 等(2014);Wang 等(2013)
不同类型的政治联系对企业绩效和创新的影响	Wu,Li 等(2013);Arnoldi 和 Villadsen(2015)
政治网络对创新的影响	Li 等(2001);Li 等(2007);Sheng 等(2011)
政治联系和创新的中间机制	Guo 等(2014)
政治联系的阴暗面	Wang,Du 等(2016);Sun 等(2015)
影响政治联系价值的调节因素	Li 等(2011);Peng 等(2000);Gao 等(2015)
政治联系作为调节变量	Wang 等(2013);Li 等(2001)

资料来源:作者整理

　　第一,大量与政治联系相关的研究比较了政治联系和商业联系对企业绩效、创新等结果变量的不对称影响上。Peng等(2000)吸收合作关系的一些观点,对比分析了政治联系和商业联系对企业绩效的不同影响。Wu(2011)对766家中国企业的研究发现,商业联系对产品创新有促进作用,政治联系与产品创新呈倒U形关系。Sheng等(2011)建立在关系治理和制度理论的基础上,对241家中国企业的研究发现,政治联系与企业绩效不相关,而商业联系对企业绩效有促进作用,进一步地分析发现商业联系和政治联系对企业绩效的影响程度因制度环境和市场环境不同而不同。王永建等(2015)对206家企业进行研究发现,政治联系只对财务绩效有正向影响,对创新绩效的影响不显著;商业联系对创新绩效和财务绩效都具有显著正向影响。

　　第二,不同类型的政治联系对企业绩效和创新的影响是否存在差异也是学者们关注的另一个焦点。Wu等(2013)对428家中国上市企业2000—2004年的数据进行分析发现,与中央政府的联系对IPO绩效的影响更大,与地方政府的联系对IPO绩效的影响相对较弱;企业与中央政府的政治联系对IPO绩效的促进作用在市场机制发展比较好的地区相对较弱。Arnoldi等(2015)对858家中国上市企业的研究发现,企业与中央政府的联系对企业绩效有正向影响;而企业与地方政府之间的联系对企业绩效的影响不显著。

　　第三,研究焦点是政治网络如何影响企业绩效。Li等(2001)对中国新技术创业企业的研究发现,企业政治网络能够增强创新战略和绩效之间的关系。Li和Zhang(2007)通过对中国高科技企业的实证研究发现,管理者政治网络和功能经验都会正向影响新企业绩效;且是否国有企业、是否存在不良竞争都对功能经验和绩效之间的关系有显著调节作用,对政治网络和绩效之间的关系没有显著调节作用。

　　第四,政治联系影响企业创新或绩效的中间机制是学者们关注的另一个焦点。Shu等(2012)研究了知识创造和知识交换在政治联系与过程创新和产品创新之间的中介作用。Guo等(2014)的研究实证检验了制度支持、规制合法性和机会识别在政治联系和企业绩效之间起到中介作用机制。

　　第五,尽管大部分研究都强调政治联系积极的作用,但是也有一些学者研究了政治联系可能存在的黑暗面。Zhang等(2015)对1500家中国企业的研究发现,当企业追求制度不确定性较高的探索性创新时,花费时间经营政治联系能提高企业绩效;当企业进行制度不确定性相对较低的利用性创新时,企业花费时间经营和培养政治联系会导致管理者注意力的涣散,伤害绩效。Wang等(2016)对2006—2015年的中国上市企业的研究发现,政治联系可能会削弱企业营销能力,进而给绩效带来负面影响。

　　第六,在直接效应研究的基础上,学者们引入了一些重要的、起到调节作用的因素,分析政治联系发挥作用的情境因素。Peng 等(2000)的研究分析了企业的所有制类型、产业类型、企业规模和行业增长率对政治联系与企业绩效间的关系的调节作用。Hillman 等(2005)对美国企业的研究发现,企业政治联系在那些政府管制比较强的产业中价值更高。Wu 等(2013)的研究发现,区域的市场限制和产业规制程度越高,企业 CEO 政治关联对 IPO 绩效的促进作用越大。王永建等(2015)对 206 家企业的研究认为,竞争强度对政治联系与创新绩效关系的调节作用不显著,对政治联系与财务绩效关系有正向调节作用,法制环境负向调节政治联系与创新绩效和财务绩效的关系。Arnoldi 等(2015)的研究发现 GDP 发展水平和市场化程度是影响政治联系和绩效之间关系的重要权变因素。Sheng 等(2011)的研究认为制度执行效率和政府支持是影响企业政治联系与绩效之间关系的重要制度权变因素。Li 等(2014)研究了探索性组织学习和利用性组织学习对政治联系和机会捕捉之间关系的调节作用。Sun 等(2015)研究发现,当企业政治网络面临剧烈动荡的时候,企业与政治网络的关系越强其市值的损失越大,进一步地分析发现政府少数所有制正向调节政治联系网络强度对市值的负面影响。

第七,政治联系本身也可能起到调节作用。Wang 等(2013)发现政治联系对跨功能协调与创新之间的关系有调节作用,对顾客导向和竞争导向与创新之间的关系的调节作用不显著。Li 等(2001)发现政治网络调节了企业产品创新战略和绩效之间的关系。Yi 等(2016)发现政治联系增强了资源管理能力和战略转变速度之间的关系。

2.5.3 非正式制度因素的作用机制

政治联系如何影响企业战略行为和结果?文献分析揭示现有研究主要从以下几个角度进行分析的:资源、企业合法性、替代不完善的正式制度、应对环境不确定性及交易成本。如表 2-10 所示,本书对其相关的理论视角进行了总结。

表 2-10 政治联系影响企业行为和结果的机制

影响机制	理论视角
资源	资源基础理论、社会资本理论
企业合法性	制度理论
替代不完善的正式制度	制度理论
应对环境不确定性	资源依赖理论
交易成本	交易成本理论

资料来源:作者整理

第一,资源基础观和社会资本视角都强调政治联系能够为企业带来政府控制的稀缺资源。从资源基础理论出发,嵌入到政治联系中的社会资本是非常宝贵且难以复制的(Peng 等,2000),是企业的竞争优势重要来源。Hillman 等(1999)认为企业和政府之间构建的政治联系能够产生政治资本,这些政治资本代表了重要的稀缺资源,能够创造竞争优势。中国政府仍控制着大量稀缺资源。例如,土地、银行贷款、研发资助、税收优惠等,企业与政府保持联系有利于获取这些稀缺资源(Faccio 等,2006;Shu 等,2016)。Nahaiet 等(1998)将社会资本分为认知型社会资本、结构型社会资本和关系型社会资本。管理者的社会资本嵌入到管理者个体的社会关系网络中,有利于企业获得实际以及潜在的综合收益。

第二,从制度理论视角分析,政治联系是企业提高合法性的重要途径。密切的政治联系使政府官员认为企业的战略选择和行为是合适的和理想的。例如,企业管理者可以通过在人大获取职位而获取政治合法性。政治合法性能够帮助企业获得政府的优惠待遇、独特的政府认可(Sheng 等,2011;Shu 等,2016)。

第三,政治联系被企业当作应对不完善制度环境的替代选择。由于制度发展不完善,企业难以通过正式程序获取相关资源和信息,必须与政府官员建立非正式的私人关系才有可能获取相关资源和信息。许多学者,例如,Hillman 等(1999)、Peng 等(2000)、Gao 等(2015)、Sheng 等(2011)都证实政治联系和正式的法律制度之间存在替代关系。Peng(2003)认为随着经济的转型,中国市场机制和正式制度环境越来越完善,保持政治联系的成本会超越政治联系带来的利益,企业会转向以规则为基础的、非人际的、市场为基础的交易规则,政治联系的重要性会下降。Nee(1989)认为随着中国建立起更完善的法律和规制系统,政治联系的价值会降低。

第四,从资源依赖理论的视角出发,政治联系是企业管理对政府依赖性的重要途径。企业和政府之间存在相互依赖性,企业依赖政府获取政府控制的资源,政府也依赖企业获取税收、创造就业。Hillman 等(2005)的研究认为将政治家纳入到企业董事会中,能够正向影响企业绩效,在企业面临的管制比较严格的产业中,政治家在董事会中对绩效的影响更大。企业可以使用政治联系去影响政府规制,以形成对企业有利的外部制度环境(Peng 等,2000)。Hillman 等(1999)指出,企业受到政府的影响越大越有动力去构建政治联系,以影响政府决策制定。因此,企业政治联系有助于企业影响政府的制度变革和政策制定,进而创造有利于企业经营和创新的制度环境。

第五,尽管政治联系对企业的绩效、创新、运营带来不少利益,但是企业需要花费大量的时间、金钱去建立和维持与政府的关系,这些成本问题也不容忽视。当企业维持政治联系的成本超过其所能为企业带来收益的时候,政治联系可能会危害企业绩效。

2.5.4 非正式制度因素的研究述评

以上分析,区别了政治联系、政治网络和政治关联三个高度相关概念,识别了现有研究对政治联系的研究焦点,分析了现有文献对政治联系影响企业创新和绩效的理论视角。然而,现有研究在以下两个方面仍然需要进一步完善。

尽管一些学者(Peng,2000;Xin 等,1996)认为随着正式制度的不断完善,非正式制度的政治联系的作用会降低,然而在实证上却并未对此进行充分检验。企业政治联系的重要性可能会随着市场制度的完善、法律环境的变化而变化。非常重要的一点是要理解企业政治联系的作用在这些国家中如何随着制度框架的发展而发生变化。也就是说企业政治联系和制度框架的共同演化,需要得到更多的关注。例如,政治联系是增强了还是降低了制度框架对战略价值的影响呢?

现有创新管理文献多关注政治联系对创新产生的影响,而对政治联系是否在创新获利阶段也发挥重要作用探讨相对较少。只有 Li 等(2001)的研究证实新创企业中政治联系会调节创新战略与新产品绩效之间的关系。他们认为政治联系有利于企业在制度不完善的环境中获取政府控制的稀缺资源,进而增强企业创新对绩效的影响。医药企业的新产品必须经过食品药品监督管理部门的审批才能上市销售,医药产品的销售过程也受到各级政府机构的严格规制。与 Li 等(2001)的论证不同,本研究认为政治联系在帮助企业获取政治合法性、帮助企业应对制度不确定性方面可能会对医药企业获取创新利益起到一定促进作用。沿着这一逻辑出发,在医药企业中,政治联系是否也是企业获取创新价值的重要权变因素,这是一个重要问题,它涉及企业如何战略性地利用制度资源,但是这一问题仍有待进一步分析和检验。

本章小结

本章对制度理论、创新管理研究、制度信任、制度支持和政治联系的文献研究进行了系统综述,并对现有研究可能存在的一些局限进行了总结,为下一章中核心概念的界定、模型的提出、假设的论述奠定了基础。

<table>
<tr><td>第三章</td><td>理论机制:
概念界定和假设论述</td></tr>
</table>

本章在第二章文献综述分析的基础上,界定了核心变量概念界定、构建了概念模型、提出并论述了研究假设。

第一节 研究变量界定

本研究涉及的核心变量包括:制度信任、制度支持、政治联系、突破性创新、渐进性创新、新产品绩效。

3.1.1 制度信任

外部法律、法规组成的正式制度不能仅仅被认为是简单地从上到下的强制工具,它们的效率首先依赖于公众对制度的信任度,也就是说,制度首先要具有可信任性,以使得它们能够创造一种"信任氛围"(Six,2014)。正式法律系统通过国家资助的行政机关规制某些行为,为遵守法律规制的个人或组织提供正式的法律保护。从理论上讲,当运行恰当时,有效的法律系统能够抑制机会主义行为,使交易双方能够顺畅地进行交易(North,1990)。当个人或组织信任外部正式制度时,会有意识地遵守制度要求,避免违反制度规制要求的行为。因此,在以往研究的基础上,本研究将制度信任定义为:企业对外部环境中,与企业的运营、研发创新、分销等密切相关的正式制度的感知信任程度。

尽管制度信任在理论分析中受到了高度关注,然而其维度划分研究却相对比较滞后。Zucker(1986)并没有明确划分制度信任的维度,McKnight 等(1998)、Pavlou 等(2004)对制度信任的维度划分进行了一定的探索。McKnight 等(1998)将制度信任划分为结构保证和情境正常两个维度。一方面,他们吸收了 Shapiro(1987)的制度结构起到保护功能的观点,提出了制度信任的结构保证维度。结构保证指规制、担保和法律资源等制度结构的存在,使依赖他人或者信任他人感到比较安全,制度就像一个"安全网"。另一方面,McKnight 等(1998)整合 Garfinkel(1963)、Baier(1986)和 Lewis等(1985)的观点提出了制度信任的情境正常维度。情境正常指个人或组织感知到事情看起来比较正常,或者处于比较正常的秩序。情境正常降低了不确定性,使人们在采取信任他人或组织的冒险行为时感觉到比较安全。McKnight 等(1998)对制度信任的维度划分是推动制度信任在组织管理领域研究的良好开端。随后,很多学者依据McKnight 等(1998)的研究,设计量表检验制度信任与其他因素之间的关系。Pavlou等(2004)、邹国庆(2010)等对制度信任的维度划分进行了一定拓展,但是仍然没有超越 McKnight 等(1998)的二分维度划分法。总而言之,这种维度划分主要应用在电子商务的情境中,很难反映企业层面的管理者对外部制度环境的信任水平。

本研究在 McKnight 等(1998)的基础上进一步将制度信任划分为三个维度,即制度完备性信任、制度执行性信任和制度稳定性信任。

第一,制度完备性信任反映了企业对规制企业活动的外部法律、法规等的全面、完善和完整程度的认知,是制度信任的重要组成维度。在我国,制度改革和经济转型不断发展,与企业研发创新、生产、经营等密切相关的各项法律、法规也是逐步完善起来的。然而,在某些领域仍然存在一定的制度空白,企业的创新行为和创新产出可能在某些方面不能得到制度的充分保护。参考 McKnight 等(1998)对制度信任的维度划分,制度完备性实际上是结构保证的重要组成部分。全面、完善和完整的法律制度框架为企业的创新行为、企业间的交易行为提供了基本的约束性结构。因此,企业对正式制度完备性的感知信任,实际上也是对外部制度结构保证的一种感知信任。

第二,制度执行性信任指企业对相关法律法规的执行是否严格、公平、有效的信任程度,是制度信任的另一个重要维度。无论企业还是个人对制度环境的信任程度都高度依赖制度的执行。只有各项法律、法规得到有效执行,才能保证整个制度系统的有效性。

Zhou 等(2010)以及 Sheng 等(2011)的研究为本研究提出"制度执行性信任"维度提供了启示和依据。Zhou 等(2010)提出了"感知法律制度执行性"(Perceived legal enforceability)的概念,并将其定义为"交易的一方感知到的法律系统能够保护其与另一企业进行交易时的财务利益"。Sheng 等(2011)提出,"制度环境执行无效率"可能会调节两种联系对企业绩效的影响。他们认为"制度环境执行无效率"指在什么情况下法律、法规(Legislations and regulations)的执行是有问题的,以企业的违法行为或者是不道德行为代表。当制度框架不能够对违法行为或者是不公平竞争行为进行有效惩罚时,这种违法行为就会盛行。因此,执行力比较弱的法律系统不能为遭受机会主义侵害的企业提供法律资源,企业也很可能不会选择正式法律机制保护交易专用性投资了。

Hain(2014)和张维迎(2003)的研究也为本研究提出"制度执行性信任"提供了支撑。Hain(2014)强调法律框架执行性是制度信任的重要因素。张维迎(2003)认为:"法律是一种实践,也要人执行。"如果法律不能得到有效执行,再多的法律条文也是没有用的,也不可能有真正的法制,个人和组织的制度信任就会很低。

制度完备性实际上是反映了结构保证的静态组成部分,表明规则、制度相对完善、覆盖面较广;而制度执行性信任则是结构保证的动态组成部分,表明静态的各种法律法规能够得到有效的执行,在整个制度结构系统中违反法律法规的行为会受到惩罚,而遵守法律法规的行为会受到保护。参考 McKnight 等(1998)的研究,本研究认为制度执行性信任是结构保证的另一个重要组成部分。

第三,制度稳定性信任指企业对外部法律法规等制度因素在未来一定时间内是否能保持稳定、一致、不会剧烈变化的感知信任程度,是制度信任的第三个重要维度。Fuglsang 等(2013)指出,制度信任与高度制度化的环境相关,高度制度化的环境的特点是制度结构相对比较稳定,制度环境对行为人来讲是比较熟悉的、明确的。Welter 等(2014)指出制度信任需要制度环境存在稳定性和可预测性。因此,当制度环境稳定性降低,变得更加不确定、模糊和动荡的时候,个人或组织对外部法律、法规组成正式制度环境的信任程度就相对较低。与 McKnight 等(1998)的情境正常维度相对应,制度稳定性反映了个人或组织对外部制度环境变化,是否处于稳定、正常状态的认知判断。

综合分析,本研究将制度信任划分为制度完备性信任、制度执行性信任和制度稳定性信任三个维度,这与 McKnight 等(1998)的维度划分有一定的对应性。而McKnight 等(1998)对制度信任的维度划分建立在个体判断的基础上,随后更多应用在电子商务领域中,测量消费者对在线购物制度的感知信任,以及这种制度感知信任如何影响个体的在线购买意图和购买行为。与 McKnight 等(1998)的二分维度划分法相比,本研究提出的三分维度划分法更加直观,也更容易被企业管理者理解,有利于从组织层面对制度信任进行测量和分析。

3.1.2　制度支持

制度支持由政府发起,并由其行政主管部门执行,具有多种多样的类型,包括税收减免、政府研发资助、促进企业特定行为和活动的产业政策等(Li 等,2001;Shu 等,2016)。参考 Wei 等(2015)的研究,本研究从政府财务支持(主要指政府资金对企业研发项目的财政补贴、财政贴息或低息贷款)和政策支持(激励和引导社会资金投入该产业的政策、推动本产业发展的政策和项目)两个维度分析制度支持对医药企业的产品创新活动和创新绩效的影响。

从政府的角度看,一方面,政府通过资助那些可能产生较高潜在回报的研发项目,促进经济的发展,鼓励企业自身的创新行为;另一方面,政府也通过制定产业支持政策,引导产业发展方向(Wei 等,2015)。而从企业的角度看,制度支持体现在企业从政府机构获取的低成本稀缺资源,包括优惠的融资条件、产品研发资助等。因此,与制度信任相对,制度支持代表了一种激励性的正式制度因素,也是一种重要的资源性制度因素,起到激励企业或产业在某个方向上进行创新的作用。

3.1.3 政治联系

Sheng 等(2011)认为政治联系指企业与政府官员或者是政府机构建立的非正式的社会联系。Li 等(2001)将政治联系定义成企业管理者与政府官员之间培养和建立的人际关系。Wang 等(2013)认为政治联系描述的是企业管理者与政府机构、官员或者是个人的关联。Peng 等(2000)将政治联系定义成企业管理者与各级政府部门(行政机构、金融机构、审计机构、技术和知识转移管理机构)的管理人员建立的关系。本研究吸收这些学者的定义,将政治联系定义为企业管理者与政府部门管理人员建立的非正式关系。

许多学者认为嵌入到政治联系中的社会资本是非常宝贵的,为拥有这些政治联系的企业提供了重要的竞争优势(Peng,2000;Hillmant,1999)。因此,与制度信任和制度支持相对,政治联系既代表了一种非正式制度因素,也是一种资源性制度因素(Shu 等,2016;Sheng 等,2011)。

3.1.4 突破性创新和渐进性创新

根据第二章对创新管理研究的综述,本研究将突破性创新定义为企业开发与现有产品组合完全不同的新产品,或者是采用与现有技术不同的全新技术的创新类型,本研究将渐进性创新定义为企业对现有产品和技术的改进和升级。

需要注意的是,产品的创新性是一个连续的概念,突破性创新和渐进性创新并不是完全孤立的绝对的概念,而是相对的。不管是突破性创新还是渐进性创新都是在对比同行或者是同类产品中的创新程度判断的。

3.1.5 新产品绩效

参考 Kim 等(2010)的研究,本研究将新产品绩效定义为相对竞争对手企业的新产品在利润、销售额、满足顾客需求和市场份额上表现得更好。

第二节　理论模型构建

　　创新是中国企业应对全球化深入发展带来的激烈竞争和适应国内经济结构转型升级的根本战略选择。然而,中国的经济结构转型升级不仅仅涉及产业结构变化,也伴随着制度环境的不断发展和变化。因此,创新和制度改革不是孤立的,而是相互影响的。从制度基础观出发,企业无论是选择突破性创新还是渐进性创新都难以隔绝制度因素的影响。甚至在某些受到制度严格规制的产业中(如生物医药产业),制度因素对企业创新行为的影响更加突出。那么,制度因素是如何影响企业创新的?

　　从政府的角度看,政府期望通过构建良好的制度环境激发企业的创新活力,推动经济发展。一方面,政府不断完善法律、法规,加强法律法规的执行性,为企业创新、创业活动提供稳定的制度环境。从认知角度看,良好的外部正式制度环境提高了企业的制度信任,增强了企业的创新积极性。另一方面,制度支持作为一种重要的激励性制度因素,是各国经常采用的促进创新的制度工具。政府机构制定大量的制度支持政策,包括为企业创新提供研发资助、出台各种促进创新的产业政策。制度支持在较宏观的层面起到推动产业结构转型升级的作用,在比较微观的角度有利于降低创新风险高、外部性强等因素对企业创新的负面影响。

　　从企业的角度看,创新过程不可避免地受到多种法律、法规的约束,也受到非正式制度因素的影响,企业需要与多种制度主体交往。一方面,企业的新产品需要满足相关的法律、法规的要求,才能获得政府主管机构的审批,进而上市销售。例如,医药产品创新需要经过三期临床试验,获得食品药品监督管理部门的审批才能够上市销售。因而,在创新过程中,企业制度信任越高,企业对开发的新产品是否能够获得审批通过就有更精准的预期,极大降低了新产品开发过程中面临的制度不确定性,有利于增强其创新动力。另一方面,创新高投入、高风险和高失败率的特点可能降低企业的创新积极性。在企业选择创新项目的过程中,能否获得制度支持是非常重要的考虑因素。如果能够获得政府机构提供的研发资助、优惠的创新政策条件,则有利于企业应对创新风险,提高创新成功的概率。此外,为了获取政府机构对创新的制度支持、确保企业的新产品顺利获得审批,一些企业积极构建和利用高层管理者与政府机构官员形成的非正式的政治联系这一非正式制度因素。许多企业将政治联系看作是重要的社会资本,利用政治联系为企业获取制度规制信息、制度支持提供便利。

　　综上所述,从理论上阐明不同制度因素影响企业创新的深层机制,从实证上对这一机制进行检验是一个重要的研究问题,也是一个非常紧迫的任务。这一问题受到企业管理者和政府决策制定者的双重关注。对企业管理者而言,如果没有对这一问题深入和清晰的理解,企业就难以有效地制定创新战略、获取创新收益;对各级政策制定者而言,如果没有对这一问题深入和清晰的理解,政府就难以评估各项法律法规、制度支持政策的有效性。

阐明制度因素如何影响企业创新,不能仅停留在表面上,必须刺破表象探究更深层的机制。那么,探究制度因素影响企业创新的深层机制,需要同时分析哪些制度因素? 制度因素在创新产生阶段和创新获利阶段都起作用吗? 如果是的话,在创新产生阶段,制度因素是如何影响企业对不同创新模式的战略进行选择的? 在创新获利阶段,制度因素又起到何种作用?

尽管一些文献对制度因素如何影响企业创新有一定分析,然而一些研究局限的存在使得现有研究并不能充分回答上述问题。第一,现有研究多关注一种或者是两种制度因素,缺乏对多种制度因素的综合考量。第二,现有研究多以 GDP 发展水平、市场化改革、知识产权改革等作为外部约束性正式制度因素的代理变量,并没有从企业的角度考虑企业是否信任外部起到约束作用的正式制度环境,以及这种感知信任如何影响企业创新决策制定。第三,现有研究多关注制度因素在创新产生中如何起作用,相对较少地同时研究制度因素在创新产生和创新获利两个阶段的影响机制。第四,现有研究更多地关注制度因素对企业创新的直接影响,相对较少地分析制度因素的交互作用、调节作用等更深层次的作用机制。第五,现有研究多以线性思维的视角分析不同创新对新产品绩效的影响,相对较少地考虑到渐进性创新可能与新产品绩效之间呈非线性关系。

为回答以上研究问题,并弥补现有研究局限,在整合制度基础观和创新管理研究的基础上,本研究结合制度信任、制度支持和政治联系的相关研究提出了"制度因素—创新行为—创新结果"的概念模型。本研究提出:①制度组成是复杂的,制度支持和政治联系分别代表了正式和非正式两种资源性制度因素,而制度信任则反映了企业对外部约束性正式制度的感知信任程度;②三种制度因素在创新产生阶段可通过直接作用、交互作用影响突破性创新和渐进性创新,在创新获利阶段则可能调节两类创新与新产品绩效之间的关系。

(1)本研究将制度信任、制度支持和政治联系三种不同制度因素同时纳入研究框架,弥补以往研究对制度因素分析不全面的局限。长期以来,制度学者就认为制度因素会影响组织决策的制定。本研究建立在制度基础观的基础上,并对其进行扩展,不但研究正式制度因素和非正式制度因素对企业创新的影响,而且将制度因素区分为认知性制度因素(制度信任)和两类资源性制度因素(制度支持和政治联系)。研究目的是运用制度基础理论论述和检验制度因素影响企业创新产生和创新获利的深层机制。

三种制度因素分别代表了不同的制度组成。首先,制度信任指企业对外部约束性法律、法规组成的正式制度环境的感知信任,反映了企业对外部正式制度环境认知的重要性。其次,制度支持又称"政府支持",主要指由政府发起,并由其行政主管部门执行,为企业提供的直接财务资助和支持性政策。制度支持是一种法律之外的正式制度因素,对企业和产业在某一方向的发展和成长有激励和引导作用,代表了一种激励性正式制度因素,也代表了企业可以利用的正式的资源性制度因素。最后,政治联系指企业管理者与各级政府部门人员建立的非正式个人关系,不仅代表了一种非正式制度因素(Sheng 等,2011),也代表了一种非正式资源性制度因素。

(2)创新产生阶段,不但分析规制性制度因素和资源性制度因素如何直接影响突破性创新,而且分析在影响突破性创新的过程中可能存在的交互作用机制和中介作用机制。

首先,分析制度信任、制度支持和政治联系三种制度因素对突破性创新和渐进性创新的直接影响。

第一种,制度信任比较高,意味着企业相信外部正式的制度环境在保护企业创新产品专利、技术等方面是比较有效的,能够防止技术泄露、搭便车现象和技术价格问题,有利于企业对创新结果形成积极预期,激励企业加大创新投入。因而,制度信任可能直接影响企业创新产生。

第二种,制度支持是企业可能获取和利用的重要战略资源(Li 等,2001;林亚清等,2014),一方面,可能使企业自身加大对创新活动的投入;另一方面可能缓解创新过程中面临的资源限制和竞争威胁。此外,制度支持也为企业创新提供了良好的支持政策,起到引导企业创新方向的作用。从这些机制分析,制度支持可能直接促进企业创新的产生。

第三种,政治联系是一种非正式制度因素,已有研究认为其能够促进企业的创新行为(Gao 等,2015;袁建国等,2015)。一方面,政治联系有利于企业在资源获取方面享有一定的优先权;另一方面,政治联系也帮助企业更准确地理解政府管制规则、创新激励政策的变化动向。此外,政治联系也是企业应对创新过程中制度不确定性和提高创新活动政治合法性的重要途径。从这些机制分析,政治联系可能直接影响企业创新产生。

其次,不同制度因素并不是孤立地影响企业创新的,它们之间可能存在交互作用机制。本研究认为,在影响企业创新产生时,制度信任可能与两种资源性制度因素存在交互作用关系。

Sheng 等(2011)的研究发现,感知制度执行是否有效会调节政治联系与企业绩效的关系。Peng 等(1996)指出,随着正式制度的不断完善,政治联系这一建立在个人非正式关系基础上的制度因素的重要性会降低。Li 等(2001)指出,当正式制度缺失或不完善的时候,非正式治理机制(如政治联系)将作为正式制度的替代机制促进交易活动的有效开展。江雅雯等(2012)在对中国民营企业的研究中发现,在市场化程度越低、经济不发达的地区,政治联系对研发的促进作用越大。以上理论分析和实证检验初步揭示,正式制度环境与政治联系存在一个替代作用。因此,本研究认为有理由提出制度信任和政治联系的交互负向影响突破性创新和渐进性创新。

企业创新,特别是医药企业创新,一方面受到法律、法规的严格规制,另一方面受到制度支持的激励。一方面,仅有良好的规制性制度环境是不足的。在高制度信任的情况下,企业的创新成果能够得到外部正式制度环境的保护,制度支持能够为企业创新添薪加柴。另一方面,仅仅有制度支持而缺乏良好的外部制度环境,企业会担心其创新成果被侵占,这可能导致企业难以对创新过程和创新获利形成积极期望。Gao等(2015)的研究发现,区域制度发展水平会正向调节制度支持和突破性创新之间的关系。这意味着完善的正式制度环境可能与制度支持存在交互作用。因此,本研究提出制度信任和制度支持的交互作用正向影响突破和渐进两种创新行为。

制度支持和政治联系分别代表了企业可以利用的正式和非正式制度资源。总结分析已有文献,本研究认为两类资源性制度因素在影响企业突破性创新和渐进性创新的过程中并不存在交互效应。Peng 等(2000)将政治联系定义为企业管理者与政府机构官员形成的非正式关系。现阶段中国的商业环境下,政府仍控制着大量的战略要素资源,在企业项目审批以及关键资源分配中具有较大的权力。在分析政治联系对企业绩效的影响时,Peng 等(2000)认为政治联系有利于企业获取政府提供的各种管制资源,有利于企业应对制度不确定性。

制度支持指政府为推动企业创新活动而为企业提供的多种资源性支持或者是政策性支持。政府往往通过制度支持对商业活动进行一定程度的干预,以引导企业创新和产业发展的方向与速度。从某种意义上讲,制度支持是政府机构控制的对公共资源的再次分配,目的解决单独依靠市场机制企业创新激励不足的问题。

尽管各级政府机构建立了大量的制度支持项目,但无论是直接的财务支持还是特定创新政策的获取都需要企业符合特定的标准,并向政府机构提出申请。现实情况是并非所有符合标准的创新项目都能够获得制度支持。那些拥有紧密政治联系的企业在准确获取制度支持信息、影响制度支持的分配等方面相对更具优势。

Peng 等(2000)的研究之后,很多学者在论述政治联系对企业绩效、创新等的影响时,认为政治联系帮助企业获得了更多的制度支持,如财政补贴、便利的融资条件、税收优惠等。一些学者的实证研究的论述也采用了这一逻辑。Johnson 等(2001)对马来西亚企业的研究发现,在经济危机的过程中拥有政治联系的企业能够获得更多的制度支持。Hillman 等(1999)的研究也认为政治联系帮助企业获取更多与政府规制和未来政策相关的信息,在获得充足和准确信息的基础上,企业能够更有效地争取制度支持。另一些学者还指出,企业通过政治联系可以影响政府政策制定、法律法规的执行,从而在获取政府提供的资源的过程中享有一定的优先权(Faccio 等,2006)。一些研究从实证上证实政治联系对企业获取制度支持有正向影响,如 Guo 等(2014)对 195 家中国企业进行研究表明,政治联系正向影响制度支持,制度支持在政治联系和企业绩效之间起到了中介作用。

Sheng 等(2011)的研究认为政府支持负向调节了政治联系对企业绩效的影响,他们将政府支持定义成地方政府为所有企业提供的比较宽泛的一般制度支持。然而,本研究将制度支持定义成政府为促进创新而为特定企业提供的直接资助和政策支持,与 Sheng(2011)的定义是不同的。

综合分析,现有文献多从路径关系视角分析,认为政治联系会帮助企获取更多制度支持,进而影响企业的绩效、创新行为和知识管理等。基于以上分析,本研究认为在影响突破性创新和渐进性创新行为的过程中,制度支持和政治联系之间并不存在交互作用关系。因此,本研究重点分析和探讨企业对约束性正式制度环境的认知信任和两类资源性制度因素的交互作用对两种创新的影响,而不会重点研究制度支持和政治联系的交互作用对两种创新的影响。

(3)创新获利阶段,在明晰突破性创新和渐进性创新对新产品绩效的差异化影响的基础上,分析制度信任、制度支持和政治联系对创新与新产品绩效之间关系的调节作用。

以往的基于制度理论分析的文献,为本研究的模型设定提供了有力支撑。Liu 等(2012)从制度基础观的角度研究了家族企业治理和绩效之间的关系,他们认为制度发展水平与家族所有制集中度、家族参与到企业管理和家族在董事会中的比例呈负相关;制度发展水平对这三种治理特点与绩效之间的关系有调节作用。在 Liu 等(2012)的研究中,制度发展水平不但直接影响家族企业治理选择,而且调节了三种治理特点与绩效之间的关系。Zhou 等(2017)的研究认为国有企业的所有制类型不但正向影响企业的 R&D 投入,而且调节了 R&D 投入和创新产出之间的关系。Liu 等(2012)和 Zhou 等(2017)的研究中制度因素不仅仅作为自变量影响企业治理或者是研发投入,制度因素也在企业战略行为和绩效之间起到了调节作用。在对以往的这些文献分析的基础上,考虑制度因素作为前因和调节变量是合理的。因而,本研究不仅分析三种制度因素如何通过直接作用、交互作用影响企业对突破和渐进两种创新模式的选择,也分析了三种制度因素是否通过调节作用增强或者降低企业创新行为与新产品绩效之间的关系,这一拓展性分析有利于明晰制度影响企业创新的深层机制,也是本研究的重要理论贡献之一。

第一,不同类型的创新对新产品绩效的影响不同。突破性创新可能为企业带来创新性较高的新技术和新产品,有利于满足新的顾客需求,也有利于企业占据有利的市场位置。因此,突破性创新产品可能正向影响新产品绩效。渐进性创新主要指对现有产品、技术的改进、生产线的延伸、市场的拓展。低水平渐进性创新难以为企业带来差异性新产品,反而可能因为同质化产品的大量引入导致竞争的加剧,不但难以提高企业新产品绩效,反而可能由于竞争加剧导致新产品绩效降低。当越过一定门槛之后,随着渐进性创新水平的提升,可使企业现有产品得到更大幅度的改进。这时,渐进性创新产品由于质量和生产效率的大幅度提升,会促进新产品绩效的提高。因而渐进性创新与新产品绩效呈 U 形关系。

第二,分析制度信任的调节作用。外部良好的制度环境是企业获取创新利益、具有创新价值的重要保障。Teece(1986)认为知识产权保护不仅反映了外部法律法规的完善程度,而且是确保企业占有创新价值的重要制度因素。完善而严格执行的正式法律制度系统,能够有效限制竞争对手的恶意模仿,保护企业的创新成果,是确保企业创新产品在市场上独特性的重要制度工具。稳定的外部制度环境有助于降低制度不确定性对创新产品市场化可能产生的负面影响。企业制度信任越高,其在创新产品商业化过程中也愿意投入更多资源。因此,本研究认为制度信任可能正向调节了突破性创新和渐进性创新与新产品绩效之间的关系。

第三,分析制度支持的调节作用。就医药产业而言,新产品开发风险大、投资高,如果没有政府提供的制度支持,企业的创新产品获利仍会受到一定局限。随着制度支持的增加,企业能够投入更多的资源对创新产品进行商业化推广活动,企业创新产品的制度合法性也更高,有利于企业新产品获得顾客的认可,提高企业新产品商业化的速度和便利度。Su 等(2016)的研究发现,制度支持正向调节了技术能力、知识创造能力对企业绩效的影响。因此,有必要分析制度支持是否调节了突破性创新和渐进性创新与新产品绩效之间的关系。

第四,分析政治联系的调节作用。刘鑫等(2016)通过研究发现,政治联系正向调节了探索式创新与企业绩效之间的关系。Li 等(2001)对中国企业的实证研究发现,政治联系正向调节了高技术企业产品创新战略和绩效之间的关系。Zhang 等(2015)认为,当企业追求探索式创新时,政治联系能够增强突破性创新与企业绩效之间的关系。Ahlstrom 等(2008)指出,企业创新成果必须具备合法性,才能为企业带来更多利润。如前所述,Sheng 等(2011)总结政治联系可能为企业带来的重要利益之一便是获得合法性。政治联系越高,企业创新产品越容易获得政府机构的认可,有利于加快审批速度,进而提高企业新产品绩效。综合现有文献,本研究认为有必要在创新获利阶段分析政治联系对突破性创新、渐进性创新与新产品绩效之间关系的调节作用。

综上所述,本研究有利于明晰制度因素影响企业创新的深层机制。制度具有多面性,既是企业可以利用的资源,也是企业面临的重要环境,不同制度因素可能直接或通过交互作用影响创新行为,也是企业获取创新利益的情境因素。本研究提出的理论模型具有四个方面的特点:①同时关注了多种不同制度组成该因素如何影响企业创新,弥补了以往研究多关注一种或两种制度因素、对制度因素考虑不全面的局限;②同时分析制度因素在创新产生阶段和创新获利阶段的作用机制,弥补以往研究多关注单一创新阶段的不足;③分析制度因素对创新行为的直接影响及制度因素的交互作用对创新行为的影响,弥补了以往研究对制度因素影响创新的深层机制探究不足的局限;④不但具体分析突破性创新和渐进性创新对新产品绩效的差异化影响,而且分析三种制度因素在创新获利阶段的调节作用,明晰企业占有创新价值的新的制度情境因素。

(4)中国医药产业为检验这一概念模型提供了合适的研究情境。医药产业作为高技术产业之一,产品更新换代快,竞争激烈,如果不进行创新,企业很难生存下去。

第一,与其他相对较少地受到正式制度限制的产业相比,生物医药企业的创新活动受到更多正式制度因素的限制和约束。因为,医药企业从研发创新项目的建立到新药上市的整个创新过程都受到多种法律和法规的严格规制。企业是否信任外部约束性制度环境,可能直接决定企业是否有动机去进行创新活动,也决定企业能否具有创新价值。

第二,医药创新具有高投入、高风险和长周期的特性,进一步凸显了制度支持可能在创新过程中起到重要作用。在创新产生阶段,制度支持为企业的创新活动提供了更多的可支配资源,在一定程度上缓解了资源匮乏对企业创新的约束;在创新获利阶段,制度支持也可能保障医药企业产品顺利进入医保目录,为创新产品的营销活动提供一定的资源支持。

第三,中国医药企业创新也难以隔绝政治联系的影响。医药企业与政府机构存在较强的相互依赖性。企业依赖政府获取关键资源、合法性、创新产品的审批,政府依赖企业创新完成财务和政治目标,这导致企业和政府之间存在较强的相互依赖性。相互依赖性的存在,使政治联系成为医药企业管理这种依赖性的重要战略选择。医药产业中医药审批规制的变化趋势、制度支持的获取等在一定程度上都需要通过政治联系获取更准确的信息。

综合上述内容,医药企业是分析制度因素如何影响创新产生和创新获利的理想样本。

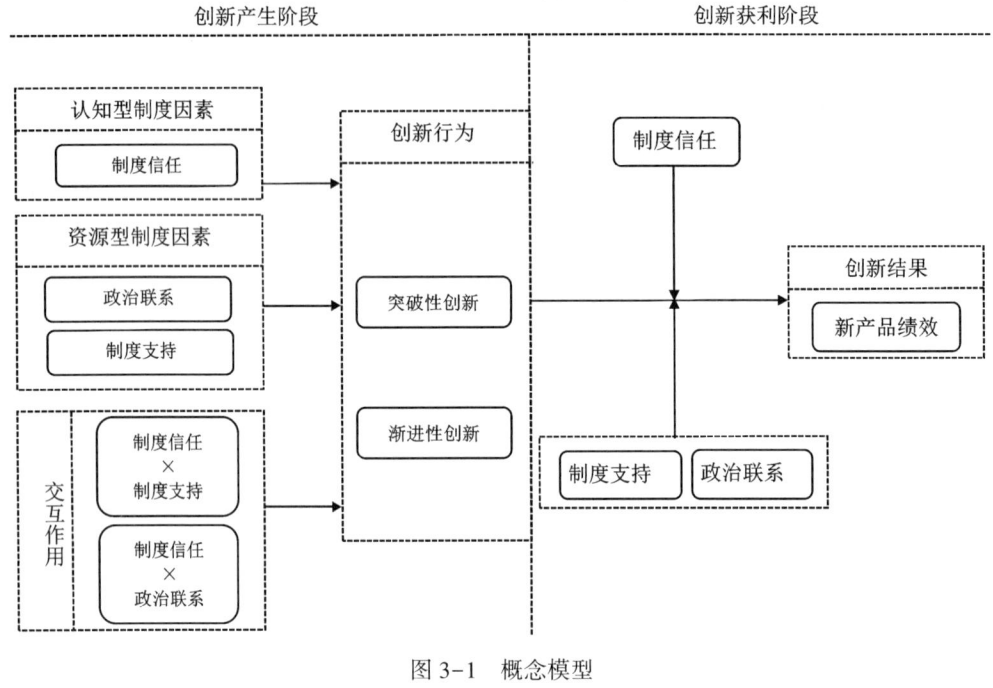

图3-1　概念模型

第三节　研究假设论述

3.3.1　制度信任对突破性创新和渐进性创新的影响

根据前文的分析,制度信任由三个子维度组成:①制度完备性信任,指企业相信外部的法律制度是完备和完善的;②制度执行性信任,指企业相信各项法律、法规能够有效地执行;③制度稳定性信任,指企业相信各项法律、法规在一定时间段内相对稳定,不会发生较大变动。因此,制度信任反映了企业对影响创新的外部制度环境的完备性、执行性和稳定性的信任情况。

第一,企业产品创新过程中,都比较害怕技术泄露、搭便车行为、竞争对手的恶意模仿等机会主义行为。正式的法律系统有两个重要功能——保护性功能和规制性功能。一方面,通过正式法律、法规规制个人和组织的商业行为;另一方面,保护个人和组织交易时的利益。何可等(2015)认为制度信任能够形成一种"软约束",能够抑制机会主义行为。Noorderhaven(1996)指出制度信任为组织提供了控制机会主义行为的安全机制。因此,较高制度信任的情况下,企业相信外部正式制度环境在保护企业创新产品专利、技术等方面是比较有效的,能够防止技术泄露、搭便车现象,有利于企业对创新结果形成积极预期,激励企业加大创新投入。

第二,制度信任越高,企业感知到的创新过程可能面临的制度不确定性越低。企业在新产品开发、新产品上市过程中需要相关政府机构的审批。当企业制度信任比较高时,外部环境中规制企业新产品开发的各项法律、法规相对比较稳定,执行性较强,完备性也比较高,企业的新产品审批面临的因制度变动而产生的不确定性也相对较低。较低的制度不确定性,使企业在新产品开发过程中对新产品试验数据达到什么样的程度才能够审批成功、新产品审批的时间期限等都有比较明确的预期,有利于企业创新计划的制订和实施。

第三,制度信任增强了企业创新过程中的合作行为。一方面,制度信任促进了合作者之间较高的初始信任的建立。Mcknight 等(1998)指出,初始信任可以在个人或组织对被信任者没有先前经验的情况下产生,原因在于制度信任起到了很好的支撑作用。Hain 等(2015)认为制度信任并不依附于特定的关系,但起到了促进关系建立和发展的作用,在跨边界投资中弥补了制度信任缺乏亲近性的不足。因此,即使在缺乏关系信任的基础上,也能够预期那些有更高制度信任的国家(Hain 等,2015)企业更容易进入合作关系。邹国庆等(2010)通过对供应链企业的研究发现,制度信任能够提高企业间知识共享的意愿。总结以上研究,如果企业感知到的制度信任水平比较高,企业和企业之间或者是企业和大学、科研机构之间更容易建立合作关系,也更愿意彼此分享知识。

第四,企业是嵌入到制度环境中的。完备、稳定、执行效力高的制度为在其中经营的企业提供了共同理解和规范企业行为的制度架构。Kramer(1999)认为规则为基础的信任并不是一套经过意识加工后的理性行为,而是对规范行为的规则的共同理解的结果。March 等(1989)也持类似观点,他们认为规则为基础的信任之所以能够保持"并不是因为清晰的契约……而是由于规则结构的社会化"。稳定的制度能够降低背叛的风险,因为这些制度建立了共同的行为规范和标准。如果个人或组织对彼此遵守的制度系统的信心比较高,企业就有更高的信心进行创新投资。基于共同理解的制度框架,企业能够预期其创新产品不会遭到模仿,企业也能够预期获得较高的创新利润。因此,制度信任越高,越有利于企业基于对正式制度和规则的共同理解采取创新战略。

总结以上分析,本研究认为制度信任对突破性创新和渐进性创新都有正向影响。

1.制度信任对突破性创新的影响

突破性创新通常意味着企业开发创新性较强的新产品、新技术,通常代表着技术或者是产品的根本性改变,有利于满足未被满足的顾客需求或者是新出现的顾客需求。医药产业中的突破性创新通常指企业对新的医药品种的开发、新工艺的探索等。突破性创新在开发过程中经常面临多种不确定性因素。这些不确定性因素不但包含技术上的不确定性(例如,新药的临床试验可能面临较高的失败风险),也包括制度环境的不确定性(如新药审批规则的改变,食品药品监督管理局审批要求的变化等),还可能包括市场不确定性(如产品营销渠道的不确定性、医生和患者接受度的不确定性等)。本研究认为制度信任起到了提高企业突破性创新积极性的作用,是驱动企业创新的重要制度因素。

第一,较高的制度信任,意味着企业经营的外部环境中制度的完备性、执行性和稳定性都是比较高的,为在其中经营的医药企业创造了共同理解的制度框架。高制度信任的环境下,不同企业对制度环境有较强的共同理解,遵守正式制度约束的可能性也更高。在这种情况下,医药企业能够对未来的产业制度环境形成比较稳定的心理预期,愿意采取长期导向战略,在突破性创新方面加大投入。

第二,制度信任越高,企业越相信法律能够为创新提供强有力的控制措施,企业在创新决策制定中越容易展现出创新性、风险承担性和先动性。一方面,制度信任越高说明企业越相信客观的制度结构的存在能够为企业的突破性创新活动的开展提供有利的外部制度环境、有效保护企业的突破性创新成果、降低企业创新成果被模仿的可能,使得企业在突破性创新过程中能产生安全信任感。另一方面,制度信任提高了企业对创新过程本身的控制力。在稳定的制度环境下,企业对突破性创新药物的筛选、临床试验的审批、新药的申请和批准等受到正式制度规制的研发过程可能有较高的控制性。这种对创新过程较高程度的控制力,有利于降低企业的风险认知,有助于企业在突破性创新过程中采取更加积极主动的姿态。

第三,企业制度信任越高越有助于企业合作战略的展开,进而从三个方面对突破性创新起到促进作用。Powell 等(1996)对美国生物医药企业合作网络进行研究发现,合作增强了组织间的学习。在技术快速发展的产业中,没有企业拥有创新成功所需要的所有知识。生物医药企业通过与其他企业、大学和科研机构进行合作,有利于学习跨学科的知识,增加了企业识别新分子、新的治疗方法的可能性。从机制上分析,创新合作一方面,有利于知识的传递和信息的传播,使企业能够获得更加多样化的知识和信息;另一方面,有助于不同企业共同分担突破性创新产品开发过程中的风险;此外,也有助于企业从合作网络中获取突破性创新所需要的资金支持、技术支持和营销支持。较高的制度信任能够有效保护合作双方在共同理解的制度框架下,顺利开展创新合作活动,保护各自的合作利益,降低合作双方可能出现的机会主义行为对合作产生破坏的风险。

第四,相反,制度信任越低,企业进行突破性创新活动的可能性也越低。低制度信任意味着企业感知到外部制度环境的完备性较低,或者是制度难以得到有效执行,或者是制度稳定性较低且变化频率高,或者是三者兼而有之。一方面,低制度信任使企业认为外部制度环境难以为其创新活动提供充分保护,侵害其突破性创新成果的机会主义行为可能得不到有效惩罚。另一方面,在制度信任比较低的情况下,即使企业组建合作关系,他们也不愿意共享彼此的知识,因为,低制度信任意味着企业在合作中抱有很强的保护主义心态,会采取各种措施保护自己的知识,同时采取各种方法从合作伙伴那里攫取知识。没有知识的共享可能会严重阻碍企业突破性创新项目的推进。此外,低制度信任的情况下,企业突破性创新产品的审批过程面临的不确定性也极大提高。审批过程的高不确定性,阻碍了企业突破性创新项目的深入开展。例如,如果由于制度改变,医药企业的三期临床试验没有得到药品监督管理部门的批准,创新产品就难以上市销售。因此,低制度信任使医药企业难以对突破性创新活动形成稳定预期,导致企业不敢对突破性创新项目进行投入,降低了企业进行突破性创新的可能性。综合以上论述,本研究提出如下假设:

[假设1]制度信任与突破性创新正相关。

2.制度信任对渐进性创新的影响

渐进性创新主要指对现有产品、技术的改进,或者是产品线的延伸。医药企业的渐进性创新通常涉及对已有药品的改进,包括扩大现有药品的适应症、改变给药途径、改变剂型等。医药产品的渐进性创新也受到各项法律的严格约束和食品药品监督管理部门的严格审批。因而,本研究提出制度信任正向影响企业渐进性创新。

第一,较高的制度信任有助于企业明确在哪些方面对现有产品改进会更容易获得食品药品监督管理部门的审批。第二,较高的制度信任使企业意识到法律规制是非常严格的,有利于医药企业在渐进性创新过程中,明确知识使用的边界,从而避免其在渐进性创新过程中侵犯其他企业的创新成果。第三,制度信任也为企业进行渐进性创新创造了稳定的制度环境,有利于企业获取渐进性创新所需要的财务资源、知识资源。第四,较高的制度信任促进了组织间的合作,组织间合作的增加有利于企业探索如何利用新技术改进现有产品,如提高药品纯度、改变给药途径、扩大适应症等。

制度信任较低,会使企业对改进产品性能和工艺是否能够获得批准存在较大的不确定性感知。同时制度信任较低也使得企业难以预估改进后的新产品是否能扩大市场份额、提升企业利润。综合来看,制度信任较低会降低企业对现有产品进行升级改造的积极性;而高制度信任则为企业对升级改造现有产品、进行渐进性创新创造了稳定的制度环境。基于以上分析,本研究提出如下假设:

[假设2]制度信任与渐进性创新正相关。

3.3.2　制度支持对突破性创新和渐进性创新的影响

制度支持是各国政府经常采用的引导企业创新的重要制度工具。从制度理论的角度看,制度支持代表了企业外部环境中的一种激励性的制度因素。从资源基础观的角度看,制度支持代表了企业可能获取的稀缺资源,有利于缓解企业创新面临的资源匮乏问题。从经济理论的角度看,政府为企业提供研发资助、制定支持性产业政策的主要目的是矫正创新市场失败、激励企业的创新活动(Shu 等,2016)。本研究认为制度支持正向影响企业突破和渐进两种创新活动。

1.制度支持对突破性创新的影响

第一,制度支持是生物医药企业进行突破性创新的关键外部资源。政府提供的研发资助对企业创新的积极影响主要是通过资源缓冲效应、降低竞争压力、缓解环境的不确定性实现的。企业获得的制度支持越多,管理层对创新风险承受能力越强,越有可能将更多的资源投入到突破性创新活动中。一方面,政府为企业研发创新活动提供研发资助,促使企业自身加大对突破性创新的研发投入。Czarnitzki 等(2006)发现那些获得政府直接研发资助的企业,在创新和研发中的投资也越高。吴剑峰等(2014)认为制度支持在一定程度上对企业形成一种制度上的创新压力,迫使企业进一步加大技术研发投入。Gonzalez 等(2008)认为政府研发资助降低了企业的研发成本和风险,使企业的研发变得有利可图,刺激了企业更大的研发支出。另一方面,制度支持提供的外部资源能够帮助企业缓解进行突破性创新时面临的资源限制和竞争威胁。医药企业突破性创新的典型特点是资金投入大、开发周期长。这些特点导致大部分生物医药企业的突破性创新项目经常面临严重的资源缺乏。Peng 等(1996)认为,在中国,制度支持不仅可以降低经营风险,而且能够缓解企业面临的资源匮乏问题。可以说,制度支持既是企业面临的重要外部环境,也是企业重要的战略资源(Li 等,2001;林亚清等,2014)。在制度支持比较高的情况下,企业可能有更多的资源进行突破性创新的试验活动,发现和试验新的技术机会。

第二,支持性创新政策也是制度支持的重要组成部分,对突破性创新有促进作用。制度支持政策,一方面为生物医药企业的突破性创新提供了相对比较独立、鼓励创新的良好制度环境;另一方面,在相对比较集中的产业发展计划和创新平台的沟通下,促进了企业与大学、企业与公共研究机构之间的合作,有利于提高企业突破性创新的成功率。例如,中国有大量公共财政支持的研究中心和机构。如果企业能够获得创新政策支持,企业与这些公共研发机构进行合作就更加便利,这有助于企业突破性创新的实现(Shu 等,2014)。在许多国家,政府对创新的支持由促进科学和研发的各种项目组成(Wang 等,2013),参与到这些政府资助的攻关创新项目中,企业突破性创新成功率能够获得较大提高。此外,中国政府设立了几个比较大的生物医药创新产业园(如上海张江药谷、苏州生物医药产业园、北京亦庄生物医药园等),这些园区内政府不但提供了多种融资、人才等支持政策,还有推动园区内企业间的合作制度支持措施。此外，许多地方政府将医药创新，特别是突破性的新药研发作为重点支持对象，为企业突破性创新的前期开发提供大量资金支持，也为新药审批提供便利条件。

第三，制度支持有助于企业从其他渠道获取突破性创新所需的资源。如果企业能够获得制度支持，在一定程度上表明企业的突破性创新项目获得了政府机构的认可，提高了企业创新的制度合法性。获得政府认可，有利于企业在金融市场为突破性创新项目融资，也有利于企业与科研院所和其他企业进行合作，获取技术支持。吴剑峰等（2014）指出，如果企业能够获得较高的制度支持，在一定程度上体现出企业的突破性创新项目是与政府政策相一致的，利益相关者更愿意从资金、技术等方面与企业展开合作，这有利于加速企业突破性创新的实现。Feldman 等（2006）的研究发现，如果企业能够获得制度支持，那么这种制度支持向外部投资者传递出企业有较强的创新能力和较好创新项目的信号。

总体而言，制度支持可以帮助企业在一定程度上克服突破性创新的资源限制，缓冲突破性创新收益滞后的限制，提高突破性创新活动和产品的合法性等。此外，政府提供的财务支持、技术信息和知识、有利的政策都增加了企业进行突破性创新的感知安全性。当获得较高的制度支持作为资源保障的时候，企业有更大的动力去追求创新性更强的突破性创新（Li 等，2001）。随着生命科学与生物技术的发展，基于新靶点、新机制的创新药不断出现。制度支持则为企业利用这些技术机会进行突破性创新起到了添薪加柴的作用。基于以上分析，本研究提出如下假设：

[假设 3] 制度支持与突破性创新正相关。

2. 制度支持对渐进性创新的影响

本研究认为制度支持正向影响企业渐进性创新。提高现有医药产品的质量离不开渐进性创新活动，这有助于企业在疗效、生产工艺等方面对现有产品进行改进。提高医药产品质量，为患者提供更多有效的药品，不仅仅是抛弃原有的产品，完全进行突破性创新活动。

第一，制度支持为企业提供了获取稀缺的、低成本的资源的机会（Sheng 等，2011；Shu 等，2014），这些资源为企业进行生产工艺的升级改造、扩展现有产品的适应症、改变现有产品的剂型等渐进性创新活动提供了支撑。

第二，制度支持政策一般会确定某些领域的渐进性创新为优先支持领域。以渐进性创新为代表的对现有产品进行改进能够有效促进医药产业结构改革、提高企业竞争力、满足顾客需求，因此制度支持政策也是制度支持的重要方向之一。例如，2017 年 1 月《中国防治慢性病中长期规划（2017—2025 年）》提出，要做好专利到期药品的仿制和生产，提升仿制药质量，并明确要重点鼓励通过一致性评价的慢性病防治仿制药品。这些制度支持政策的执行有利于引导企业在特定产品和方向上进行渐进性创新,以提高药品质量。能够获取这些制度支持有利于企业在特定方向上进行渐进性创新活动,改进现有产品和技术,为患者提供更多优质优价的医药产品。

第三,制度支持政策有助于企业与公共研发机构和其他企业展开合作并进行渐进性创新。例如,2015 年以来,中国国家食品药品监督管理总局积极鼓励生物类似药的创新。在这些制度支持政策的推动下,2017 年 10 月先声药业与 Amgen 公司合作,在多个产品、多个治疗领域合作开发生物类似药,实际上是在原研生物药品的基础上,进一步改进的渐进性创新。企业间合作关系的建立有利于企业为进行渐进性创新吸收外部知识和技术、共同推动渐进性创新产品的市场化等。因此,基于以上分析,本研究提出如下假设:

[假设 4]制度支持与渐进性创新正相关。

3.3.3 非正式制度因素对突破性创新和渐进性创新的影响

政治联系代表了重要的非正式制度因素,主要指企业管理者与政府官员建立的非正式个人关系。一方面,在转型经济体中,不完善的正式制度环境迫使企业管理者对政治联系的依赖性更强,政治联系是对不完善的正式制度框架的一个替代选择(Peng 等,1996;Sheng 等,2011;Guo 等,2014)。Guo 等(2014)的研究认为中国企业依赖管理者的政治联系去应对制度不确定性和构建制度优势。另一方面,受传统的儒家文化的影响,个人关系是中国社会中商业交易的血液之一。因此,分析制度因素对企业创新战略的影响机制,需要进一步认识政治联系的作用。基于以下几点论述,本研究认为政治联系对突破性创新和渐进性创新都有促进作用。

第一,较强的政治联系有利于企业在资源获取方面享有一定的优先权,特别是那些政府控制的稀缺资源(如研发资助、土地、人力资源、银行贷款、科研项目资助、税收优惠等)。这些稀缺资源的获取,将直接或间接影响企业对包括研发投入在内的长期投资决策,对企业进行创新有一定促进作用(Gao 等,2015)。

在转型经济体中,企业创新经常面临资源短缺的状况,特别是缺乏有效率的财务融资渠道。一些研究表明,拥有良好政治联系的企业更容易获得银行贷款,从而有利于企业技术创新(袁建国等,2015)。Wu 等(2013)的研究发现,政治联系也有利于企业从股票市场募集资金。

通过缓解资源匮乏状况,政治联系能够帮助企业规避创新过程中面临的潜在风险,增加创新成功的概率。一方面,通过政治联系获取的资源能够为医药企业改进现有产品、提高现有产品的工艺水平和质量提供资源保障,对企业渐进性创新有促进作用。另一方面,医药企业的突破性创新活动主要指开发新的医药品种或对新技术进行探索,需要耗费大量的资源。通过政治联系获取的资源能够帮助医药企业解决突破性创新面临的资金限制,有利于企业强化对突破性创新活动的投资保障(Faccio 等,2006;Wu,2011)。

第二,较强的政治联系有助于提高企业创新项目的合法性(Gao 等,2015;Hillman 等,1999)。无论是突破性创新还是渐进性创新,较高的政治联系都有助于提高评审机构对企业创新产品的认可程度,进而促进产品顺利通过评审。在新兴经济体中,与主要的政府机构建立关系网络是企业合法性的重要来源(Zhu 等,2014)。现有理论认为政治联系可以通过至少两种方式促进企业社会合法性的构建。一方面,企业管理者通过与政府官员的交往,能够更好地理解制度环境,使得企业自觉将经营和创新活动在制度限制的范围内进行,进而提高企业的合法性(Guo 等,2014)。另一方面,管理者使用政治联系说服政府接受企业做事的方式,也是提高企业合法性的重要方法。例如,通过频繁地拜访政府官方、邀请政府官员参观企业工厂,Haier 集团说服政府接受并支持他的战略管理实践,进而获得了更高的合法性(Guo 等,2014)。Hillman 等(2005)发现,卸任的政府官员作为企业董事会成员构建了企业与政府的密切关系,提高了企业合法性。

第三,政治联系能够帮助企业获取与政府规制和新兴政策相关的政府信息(Hillman 等,1999),有助于企业准确理解制度环境、应对制度变化(Peng 等,2000;Gao 等,2015)。Tan(2001)对中国企业的实证研究发现,即使政府公布了一些信息,往往过于笼统或含糊,企业很难获取与政策相关的准确信息。对政府规章的错误理解可能会使企业错失商业机会,增加突破性创新和渐进性创新的风险。政治联系促进了企业对外部制度环境的理解,进而有助于企业识别和利用外部创新机会。

政治联系提供的规制和政策信息,一方面,使医药企业无论是进行渐进性创新还是突破性创新都能够与制度环境的要求相匹配,这有助于提高企业创新成功的概率。另一方面,促进了企业更有效地利用政府推动创新政策,是企业识别和利用新的商业机会的重要渠道(Sheng 等 2011;Guo 等,2014)。此外,在获得政府信息的情况下,企业对他们的创新投资更有信心,因为他们开发的新产品和技术可能是政府希望的或者是偏好的,提高了创新产品审批通过的概率。例如,国家食品药品监督管理总局从 2016 年 3 月国务院发布《关于仿制药质量和疗效一致性评价的意见》,要求已经上市的仿制药需要在疗效和质量上达到与原研药一致的效果。较好的政治联系便于企业准确深入理解这些政策要求,指导企业进行渐进性产品创新、推出创新幅度更大的仿制药,以有效提高药品质量和疗效,而非进行简单、微弱的改进。我国政府近年来推出了"重大新药创制计划"以推动突破性创新药物的开发。政治联系有助于企业把握相关的政策导向,在突破性创新药品、创新技术和创新工艺上提早布局。Gao 等(2015)指出,政治联系由于增强了企业对外界环境(特别是制度环境)的全面理解,能够促进企业将外部环境看成是一种机会的集合,提高了企业识别和利用突破性创新机会的概率。

第四,政治联系帮助企业克服制度环境不确定性对产品创新可能产生的负面影响。Wu(2011)的研究证实,政治联系能够减少围绕创新活动(特别是突破性创新)所可能出现的政策不确定性。一方面,较强的政治联系使得企业能够在面临规制改变和制度不稳定的情况下,克服制度障碍。企业管理者的政治联系向市场投资者释放出这样的信号,企业有能力应对制度环境变化。另一方面,政治联系是企业影响政府产业政策制定和实施的重要渠道,提高了企业影响政府决策制定的可能性,从而帮助塑造有利于企业创新和运营的政策环境(Peng 等,2000;Hillman 等,1999)。当能够通过政治联系塑造有利的制度环境时,企业不但能够更有效地开展创新活动,还能够提高从创新投资中获得更高收益的期望,从而激励企业做出加强创新投入的承诺。

一些研究证实,在新产品产品审批和市场准入方面,政治联系使得企业面临较少的官僚延期问题(Wang 等,2013)。新产品审批过程中出现的官僚延期现象是典型的制度不确定性导致的。在医药产业中,无论是企业进行突破性创新还是渐进性创新,都需要获得食品药品监督管理部门的审批才能够上市销售,都容易受到审批规制变化的影响。政治联系有利于企业从非正式渠道获取企业产品审批进程、审批资料变化、审批意见等方面的变化信息。许多内部隐性信息很难通过公开渠道获得,却可以通过政治联系渠道获得。这些内部信息在企业药品创新实验项目组织、申请资料准备方面都能起到有针对性的指导作用,也能够帮助企业应对围绕突破性创新和渐进性创新而出现的许多制度不确定性问题。

以上诸多有利的理由激励企业寻求建立政治联系,然而也有一些学者指出政治联系可能存在一定的负面作用。例如,与政府官员建立政治联系获取的资源可能是反生产性的。因为,当企业花费更多的精力和金钱保持与政府的关系时,企业管理者在追求自身技术发展上的注意力就可能会下降。此外,日益增强的政治网络会使得企业过度嵌入到政治环境中,这可能导致创新概念流入的减少,从而限制企业创新活动(Li 等,2014)。

综合分析政治联系的积极价值和可能存在的一些负面影响,本研究认为政治联系仍然是企业创新的有力推动者。许多中国情境的实证研究证据为这一观点提供了支撑。谢言等(2010)对 270 家中国企业的实证研究发现,政治联系促进了自主创新。简兆权等(2014)以北京、广州和厦门三地 193 家本土高科技企业为样本的实证研究发现,政治联系对创新有正向影响。Gao 等(2015)也证实政治联系能够提高企业的突破性创新能力。

综合以上分析,本研究提出如下假设:

[假设5]政治联系正向影响突破性创新;

[假设6]政治联系正向影响渐进性创新。

3.3.4　制度信任和制度支持的交互对创新的影响

制度信任反映了企业对外部法律法规组成的约束性正式制度的感知信任程度,而制度支持则代表了可能对企业创新活动产生促进作用的正式的资源性制度因素。医药企业在整个创新过程中,一方面受到法律、法规的严格规制,另一方面制度支持(包括财务资助和政策支持)也对企业创新起到重要激励作用。从制度理论的观点分析,本研究认为制度信任和制度支持的交互作用正向影响突破性创新和渐进性创新,即二者在对企业创新的影响中起到互补作用。

1.制度信任和制度支持的交互对突破性创新的影响

首先,制度信任和制度支持相互补充,在为企业突破性创新提供公平的规制性制度环境的同时,也为突破性创新提供充足的资金支持和有利的政策环境。较强的制度信任反映了制度规制的完善性、执行性和稳定性较高。一方面,较强的制度信任使得企业自觉规范自身突破性创新活动,努力使本企业创新药品在每个阶段都达到相关法律和法规的要求标准,才能够确保企业的突破性创新药品在国家食品药品监督管理总局获得审批。另一方面,较强的制度信任也反映了企业对产业环境中的竞争行为和规则制度的有效执行有更加稳定的预期。因为完善、强有力的执行制度结构和稳定的制度环境能够有效规制竞争对手的行为,防止竞争对手对本企业新开发的突破性创新产品的模仿和侵犯知识产权行为的产生。另一个重要的作用在于,完善值得信任的制度环境,也限制了政府机构官员和职员的行为。管理医药企业创新的政府官员的行为受到了制度严格的监督,避免了他们接受某些企业贿赂的可能性,使得他们必须按照规定的法律程序受理和审核企业的突破性创新产品申请。因此,制度信任反映了医药企业对外部规制性制度环境的综合感知,使得企业、竞争对手和主管政府机构的职员的行为都在制度框架的约束范围内进行。

然而,仅仅有规制性的制度环境是不足的。在高制度信任的情况下,制度支持起到了为企业突破性创新添薪加柴的作用。突破性新药品的开发需要长期的努力、大量的资金投入,且又面临极高的失败风险。此外,生物医药产业的突破性创新也需要补充多样性的外部知识(Powell 等,1996)。企业从外部获取多样性的知识需要大量的资金和人力的投入。仅仅依靠企业内部的资金和内部知识,可能难以完成突破性新药的全部开发工作。这个时候,政府机构提供的研发资助和创新政策,一方面为企业推动突破性新药开发提供了充足的资源,有利于解决创新资金短缺的问题;另一方面,也降低了新药研发失败的风险可能对企业运营带来的沉重负担,在一定程度上缓解了企业创新的风险顾虑。同时,制度支持政策构建的沟通桥梁也联通了企业和高校以及科研机构的合作机制,促进企业从外部环境获取多样的知识。

以上分析启示在促进企业突破性创新的过程中,制度信任和政府支持起到了协同增效的作用。制度信任越高,说明企业对规制创新行为的正式约束性制度环境越有信心,企业不用担心创新过程中可能存在的制度不确定性,消除了企业由于制度不稳定、不完善和执行不力而不敢对突破性创新进行投资的顾虑;而制度支持则为企业的这一创新动机和导向提供更加充足的资金支持、便利性政策,能够为企业突破性创新起到添薪加柴的作用。因而,制度信任越高、制度支持越完善企业越有动力开展突破性创新。

相反,如果制度信任比较弱,企业难以形成对突破性创新过程和回报的积极期望,即使政府制定和实施了大量制度支持政策,企业可能也没有动力去进行突破性创新活动。原因在于,较弱的制度信任反映了外部规制性制度环境的不完善性,企业从主观上能够感觉到创新过程中可能会遭遇极强的制度不确定性。一方面,企业的创新产品审批可能面临更高的不确定性;另一方面,创新产品被竞争对手模仿的概率也上升。在这种情况下,为了避免自身创新成果被侵占,即使企业获得制度支持,为了避免潜在的高风险性,这些制度支持也可能并不会投入到风险性较高的突破性创新项目中。此外,制度信任较低说明外部正式制度环境的完备性、执行性和稳定性都相对较低,此时政府制定的支持突破性创新的资助规划可能难以投入到真正有创新性的企业创新项目中,反而可能由于私人关系,投入到那些与关键的政府官员建立了紧密私人关系的企业中。这种情况下,制度支持难以起到"杠杆作用"刺激企业加大对突破性创新的投入,反而更可能会起到"挤出效应"压缩企业自身对突破性创新研发支持。此外,低制度信任的情况下,制度支持难以促进企业和大学、科研机构之间的合作。因为低制度信任的情况下,无论何种方式的合作和交流,企业创新成果都可能难以获得正式规制性制度的保障,而企业知识泄露、创新成果被侵占的风险却很大。

总结以上分析,企业的制度信任较低时,制度支持这一正式的资源性制度因素难以有效发挥其对企业突破性创新的激励作用。只有在高制度信任的情况下,制度支持才能充分完成其促进企业突破性创新的功能。反之,仅有高制度信任,没有政府提供制度支持,由于医药产品突破性创新活动高投入、长周期、高风险的特性,也难以充分调动企业突破性创新的积极性。因而,本研究提出如下假设:

[假设 7]制度信任和制度支持的交互与突破性创新正相关,即二者在影响突破性创新时有互补作用。

2.制度信任与制度支持的交互对渐进性创新的影响

假设 2 的论证认为制度信任与渐进性创新呈正相关,假设 4 论述了制度支持如何影响企业渐进性创新。综合两个方面的论证,本研究认为制度信任和制度支持的交互与渐进性创新呈正相关。

政府在推动企业提高现有医药产品质量、优化医药产品疗效等为主的渐进性创新上也推出了一定的支持性措施。一些学者认为,提高我国仿制药的质量,需要建立可靠的仿制药研发和生产标准(李宁娟等,2016)。通过渐进性创新提高现有医药产品的质量,需要较高的制度信任,需要构建完善、严格执行和稳定的正式制度环境,主要体现在建立高效和完善的仿制药质量控制、生产标准稳定的审批程序制度上。

首先,高制度信任时,企业对现有产品进行改进的方向更加明确、面临的制度不确定性相对较低,有利于企业对渐进性创新过程形成稳定的预期,能够提高企业改进现有产品的积极性。渐进性创新所需要消耗的资源可能并没有突破性创新那么大,所需时间也可能没有突破性创新那么长,面临的失败风险可能较突破性创新小。但是企业改进现有产品的生产工艺、扩大适应症、改变剂型等渐进性创新活动仍然需要企业投入大量的资金和人员。现实中也存在一些企业因为资金限制而难以对现有产品进行渐进性创新的情况。在高制度信任的环境下,企业虽然有一定动力进行渐进性创新,但如果企业自身面临资源匮乏的情况,渐进性创新活动很难顺利开展。而在高制度信任的情况下,获得一定程度的制度支持,企业进行渐进性创新面临的资源限制也可得到一定程度缓解,也有助于推动渐进性创新项目的开展和落实、提高渐进性创新的速度。

其次,如果制度信任较低,即使获得了制度支持,企业依靠渐进性创新改进现有产品质量的积极性也不大。例如,我国仿制药领域,长期以来存在着已过专利保护期的原研药品单独定价、生物仿制药审批缺乏制度规范等制度不完善的问题(李宁娟等,2016),降低了医药企业的制度信任。即使政府为企业进行高质量渐进性创新提供一定的制度支持,但由于制度信任较低,企业对渐进性创新带来的收益难以形成积极预期,企业进行渐进性创新的积极性也会大打折扣。

总结以上分析,制度信任和制度支持在推动医药企业渐进性创新过程中也起到了互补作用,即在高制度信任和高制度支持的情况下,企业的渐进性创新最高;而在低制度支持和低制度信任的情况下,企业的渐进性创新最低。因此,本研究提出如下假设:

[**假设 8**]**制度信任和制度支持的交互与渐进性创新正相关,即二者在影响渐进性创新时有互补作用。**

3.3.5　制度信任和政治联系的交互对创新的影响

制度的基本功能是支持有效的市场机制(North,1990)。许多学者强调,政治联系是企业应对不完善的外部制度环境的一种非正式治理机制(Peng 等,1996)。企业能够依靠政治联系获取资源、信息和合法性(Peng 等,2000;Sheng 等,2011)。制度信任越高企业越倾向于依赖市场机制获取创新所需要的资源,通过正式的法律机制管理创新过程中面临的风险。相反,企业制度信任较低,反映出外部正式制度环境在完备性、执行性和稳定性上相对较差,企业进行产品创新活动时,无论是突破性创新还是渐进性创新,政治联系都是不可或缺的。低制度信任情况下,政治联系成为企业应对制度不完善导致的制度不确定性的一种替代机制。因此,本研究认为制度信任和政治联系的交互负向影响企业突破性创新和渐进性创新,即制度信任和政治联系在影响企业创新时存在替代效应。

1.制度信任和政治联系的交互对突破性创新的影响

本研究提出制度信任和政治联系的交互与突破性创新负相关。

第一,较高的制度信任说明企业能够感知到制度环境是完善的、制度规则的供给是充分的、制度执行是公平的、制度相对稳定不会朝令夕改,这使得医药企业有条件通过正式的、确定的规则和程序去申请临床试验、产品审批等突破性新产品不可缺少的程序。在与政府管理机构(主要是各级食品药品管理机构和卫生局)交往的过程中,制度信任越高企业越能够获得公平的制度对待,降低了企业通过非正式的政治联系去应对制度不确定性的需求。

第二,较高的制度信任,降低了企业通过政治联系获取外部资源的需求。一方面,较高的制度信任确保了企业可以通过比较正式的制度程序途径获取政府提供的与突破性创新相关的制度支持政策(如国家"重大新药创制专项")。另一方面,企业更有可能转向市场获取关键资源,而非依赖政治联系获取这些资源。当市场制度发展得更完善时,企业面临的制度的完备性、执行性和稳定性都得到极大提高,Zhou 等(2017)认为,此时市场力量在决定资源的供给和需求上发挥更大的作用。

第三,较高的制度信任降低了企业依靠政治联系提高突破性创新产品制度合法性的需求。医药产品的开发、上市会受到法律法规的严格规制,获得一定的政治合法性,即获得政府机构(包括各级食品药品监督管理局)的认可和接受,是企业突破性创新产品顺利审批通过的重要影响因素之一。制度理论指出企业遵守制度规则、服从制度要求有利于企业获取合法性。制度信任较高时,企业只要遵守制度规制的要求就可以为企业的突破性创新产品赢得更高的合法性,而不必过度依赖政治联系获得政府机构的认可。而制度信任较低的情况下,仅仅遵守制度要求并不能保证企业突破性创新活动和产品获得政府机构的认可,政治联系成为企业为其突破性创新活动和产品赢得政治合法性的替代选择。Sheng 等(2011)对中国企业的研究指出,政治联系提供了一个在正式制度不完善的情况下增强政治合法性的途径。

第四,制度信任较高,意味着政府官员必须根据正式的制度条款规制企业活动,留给政府官员可以通过非正式的私人联系给予企业优惠照顾的空间非常少。即使企业想要通过政治联系获得少量优惠照顾,也要花费更多的时间成本和资金成本。因此,高制度信任降低了企业通过政治联系寻求优惠待遇和制度支持的可能性。

相反,低制度信任导致企业对整体制度环境产生更多消极期望,而稳定的积极期望则下降。一方面,制度信任降低,意味着企业单纯依靠正式的制度程序,难以获得政府提供的突破性创新支持项目的资源。因为较弱的制度环境使得主管相关资源分配的政府官员有很大的自由支配权,他们可能更愿意将相关的支持政策投放给与其建立紧密的私人政治联系的企业。另一方面,制度信任降低,企业突破性创新项目的临床试验审批、上市审批等规制性程序也可能面临更多的制度不确定性。制度不确定性的增强激励企业寻求建立和维持与食品药品监督管理部门官员的私人联系,以通过非正式渠道影响产品审批速度,帮助企业加快自身新产品的审批流程。此外,低制度信任的情况下,制度执行不严格或者是不充分的情况更多,企业仅仅被动服从制度要求可能难以完全获得突破性创新产品的合法性。更有甚者,制度信任降低意味着外部整体制度环境较弱,建立政治联系很有可能成为企业替代正式规则系统的必备选择,成为行业难以言明的隐性惯例。如果没有与政府机构建立的良好政治联系,企业突破性创新活动可能完全没有办法开展。无效的制度执行不但破坏了企业的制度信任,而且也极大地提高了通过正式法律机制控制不合法行为的成本,通过建立政治防止竞争对手对企业自身突破性创新的模仿和侵害反而成为更有效的选择。

综合以上几点分析:①较高制度信任的情况下,企业有更多的激励通过正式的制度程序为突破性创新获取资源、政治合法性,而通过政治联系这种非正式途径获取优惠待遇的成本上升、收益降低;②较弱制度信任则反映了外部制度环境不完善的现实状况,驱动企业加强政治联系的构建和维持,以获取优惠待遇、应对突破性创新活动可能面临的制度不确定性。基于以上分析,本研究提出如下假设:

[假设 9]制度信任和政治联系的交互与突破性创新负相关,即二者在影响突破性创新时有替代作用。

2.制度信任和政治联系的交互对渐进性创新的影响

本研究认为制度信任和政治联系的交互与企业渐进性创新呈负相关。首先,虽然中国政府制定了多种产业政策促进企业进行突破性创新活动,但是对现有产品进行升级改造也是我国医药管理部门的重要工作。例如,为了提高仿制药的质量,中国政府从 2012 年开始试点对仿制药进行“质量一致性评价”以提高市场上流通的仿制药产品质量,淘汰质量不合格和重复性仿制药。这些严格的正式制度的执行,激励企业进一步改进其现有产品的质量和疗效,即进行渐进性创新活动。制度信任的增强意味着这些制度的执行是非常严格的,并非某一个或者是某几个政府官员能够自由决定的,企业必须切实通过渐进性创新改进已有产品的工艺和质量,达到与原研药一致的疗效才能获得一致性评价的通过。即使企业建立了政治联系,也难以依靠政治联系在渐进性创新的药品通过审核上获得优惠待遇。这表明制度信任的增强降低了政治联系对渐进性创新的影响,二者存在较强的替代作用。

其次,较强的制度信任为企业进行渐进性创新,从而获取相关的制度资源提供了公平的正式制度程序,替代了原来需要通过非正式的政治联系的才能获得支持的现象。相反,较弱的制度信任,意味着正式制度完备性、执行性和稳定性较弱,医药企业渐进性创新产品的审批、获取政府支持等都难以依靠正式制度程序完成。为了应对这些制度不确定性,企业最直观的战略选择便是建立与药品管理机构官员之间的政治联系,进而通过私人联系促进其渐进性创新药品通过相关审查和审批。基于以上分析,本研究提出如下假设:

[假设10]制度信任和政治联系的交互与渐进性创新负相关,即两者在影响渐进性创新时有替代作用。

3.3.6 突破性创新和渐进性创新对新产品绩效的影响

新产品绩效指相对竞争对手企业的新产品在利润、销售额、市场份额和满足顾客需求上表现更好(Kim 等,2010)。以往研究多从线性关系的角度分析突破性创新和渐进性创新与新产品绩效的关系。然而,考虑到生物医药产业的具体情况,不同创新类型对新产品绩效的影响可能并不总是线性的。

1.突破性创新对新产品绩效的影响

突破性创新是组织适应动荡的转型经济和获取竞争优势的重要战略选择(Leifer 等,2000)。本研究认为突破性创新正向影响新产品绩效。

第一,突破性创新可能为企业带来创新性较高的新技术和新产品。创新性较高的突破性创新产品常常具有先前产品所不具备的、与众不同的、独特的优势。从资源基础理论的视角分析,企业新产品的差异化程度越高、独特性越强,越不容易被竞争对手所模仿,企业越有可能获得更高的新产品绩效。与渐进性创新产品相比,突破性创新产品的创新性相对较高。高创新性的产品在满足未被满足的顾客需求、重构市场资源、提高企业的市场权利方面具有优势。与竞争对手提供的同质化商品相区别,创新性较高的突破性创新产品具有较低的价格弹性,有利于企业获得更高的价格溢价,从而保证企业获得比竞争对手更高的利润。

第二,突破性医药创新产品在满足未曾满足的顾客需求方面独具优势。克劳福德和贝尼迪托(2012)认为"只有产品能够为消费者提供某些利益,这些利益在消费者看来是必要的和想要拥有的,产品才是有价值的"。2013 年美国 Gilead 公司推出首个纯口服治疗丙肝的新药 Sovaldi(sofosbuvir)。[①] 这一典型的突破性创新产品极大满足了未被满足的顾客需求,因为临床试验结果发现,Sovaldi 对丙肝的治愈率可达到 90%,且没有严重不良反应。上市后首个季度 Sovaldi 的销售额就达到了 22.7 亿美元,第二个季度的销售额甚至达到了 35 亿美元[②],不但满足了未被满足的顾客需求,而且为企业带来了巨大利润。

第三,突破性创新产品依靠其创新性和技术领先性,能够占据更有利的市场位置。在产品市场中,新产品的位置优势被定义为相对竞争对手的产品的优越性,这种优越性使企业持续地获得更好绩效的基础(Kim 等,2010)。例如,Amgen 公司于 1989 年推出突破性新药 Epogen(促红细胞生成素),是第一个以基因重组技术开发的治疗肾病患者贫血症状的创新药物。由于其良好的疗效,这一突破性创新产品的上市不但迅速为企业带来了大量利润,还使得 Amgen 公司很长时间内在 EPO(促红细胞生成素的简写)市场中占据了绝对领先地位。基于以上分析,本研究提出如下假设:

[假设 11]突破性创新与企业新产品绩效正相关。

2.渐进性创新对新产品绩效的影响

渐进性创新聚焦于现有技术和产品的改进。在生物医药产业中,渐进性创新主要涉及对已有药品的升级换代。例如,改变现有产品的剂型、给药方式、纯化工艺、扩大适应症等。本研究认为渐进性创新与新产品绩效呈 U 形关系。

第一,低水平渐进性创新与新产品绩效负相关。一方面,生物医药产业竞争非常激烈,仅仅对现有产品进行微弱改进,即进行低水平渐进性创新并不能保证企业现有产品在市场上的优势,也难以保证企业获得理想绩效。低水平渐进性创新带来的直接结果可能是市场上不断有同质化较高的产品涌入,继而导致市场竞争的加剧。我国生物医药产业的一个突出问题就是大量企业聚焦于同质化的仿制药的开发和生产。许多企业尽管通过渐进性创新改进了生产工艺、扩展了生产线,然而由于同一品种的药品面临其他企业的许多同质化产品的竞争,导致微弱渐进性产品的可替代性非常强、缺乏差异性。由于竞争激烈、同质化水平高,低水平渐进性创新产品利润率相对较低、市场份额的提高难度较大,也难以满足患者和医生更高的产品期望。

第二,低水平渐进性创新也需要企业投入一定的财务资源和人力资源。在渐进

---

① Sovaldi 是一种新型核苷类小分子药物,通过抑制丙肝病毒(HCV)NS5B 聚合酶而发挥作用。

② 生物谷.吉利德的梦幻印钞机——丙肝药物 sovaldi 二季度销售额高达 35 亿美元 [EB/OL]. [2018-04-14]. http://www.bioon.com/industry/enterprisenews/600985.shtml.

性创新水平相对较低时,随着渐进性创新水平的增加,企业需要投入的资源和成本不断提升。然而,尽管渐进性创新水平有一定程度提升,但是仍然面临非常激烈的同质化竞争,并没有体现出较高的产品差异性。因此,对现有产品或技术进行微弱改进不但难以提高企业新产品绩效,反而可能由于竞争激烈程度的加大和大量创新成本的投入导致新产品绩效的下降。在这种情况下,渐进性创新与新产品绩效呈现出负相关性。

第三,当越过一定的门槛之后,较高水平的渐进性创新使得现有产品的质量和生产效率得到比较大幅度的提升。产品质量的大幅度提升有利于企业现有产品的市场扩张,而生产效率的大幅度提升则促进了企业产品成本的下降。Banbury 等(1995)的研究指出,当企业首先向市场引入重要的渐进性创新产品时,企业能够在产业中占有更多的市场份额。2014 年美国 FDA 批准 Gilead 公司治疗基因 I 型的丙型肝炎感染的 Harvoni(复方 Sofosbuvir 和 Ledipavir)是专利药品 Sovaldi(Sofosbuvir)和固定剂量的蛋白酶 NS5A 抑制剂 Ledipasvir 的复方组合,这相当于在 Sovaldi 的基础上进行的渐进性创新产品。由于其出色的疗效,2016 年的销售额达到 90 亿美元。因此,高水平渐进性创新在利润率的提高、市场份额的扩张、顾客满意度的提升等多个方面起到显著促进作用,进而提高企业新产品绩效。综合两个方面的论述,本研究提出如下假设:

[假设 12]渐进性创新与企业新产品绩效呈 U 形关系。

3.3.7 多维度制度资本在创新获利阶段的调节作用

1.制度信任在创新获利阶段的调节作用

较高的制度信任反映了企业对外部正式制度环境的信任程度,企业相信外部正式制度环境能够为企业创新行为和创新结果提供有力的法律保护,不但影响企业创新战略选择,还可影响企业是否能占有更多创新价值。

(1)制度信任对突破性创新和新产品绩效之间关系的调节作用。

本研究认为制度信任正向调节了突破性创新和新产品绩效之间的关系。首先,企业制度信任越高,说明企业越相信法律、法规组成的外部正式制度环境相对比较完备,能够得到有效执行。完善而严格执行的正式法律制度系统,能够有效限制竞争对手的恶意模仿,保护企业在突破性创新过程中产生的专利、商业秘密、商标等创新成果。这些制度保障的存在有利于保护企业突破性创新产品在市场上的独特性。而保持突破性创新产品在市场上的独特性是增强企业新产品市场份额、保障企业获取较高利润的重要条件。因而,制度信任越高,突破性创新对新产品绩效的促进作用越强。

其次,高制度信任往往代表了外部正式制度环境在一定时间内相对稳定。稳定的外部制度环境有助于降低制度不确定性对企业突破性创新产品市场化可能产生的负面影响。医药企业的突破性创新产品必须经过食品药品监督管理部门的审批才能够上市销售。如果制度稳定性信任较低,那么审批制度频繁变化,会为突破性创新产品的审批带来很多不确定性。一方面,审评标准的频繁变化,使得突破性创新产品的试验数据和审批资料准备需要经常调整,以满足不断变化的审批要求。另一方面,制度不确定性可能使企业突破性创新产品的审批时间延长,导致突破性创新产品上市时间延缓。无论哪种情况,不稳定的制度环境,都可能降低突破性创新对新产品绩效的促进作用。

最后,制度信任越高,越有利于企业对突破性创新产品的绩效形成更加积极的预期。因为可信任度较高的制度环境确保了创新性较高的突破性创新产品在合理期限内获得审批,为企业获得更高的创新绩效提供了条件。在制度信任较高的情况下,企业仅需要通过有效的商业化战略,将突破性创新产品的独特优势转变成商业化的绩效产出,而不用考虑制度环境不完善、执行不力和稳定性不足等制度不确定性和模糊性给突破性创新产品商业化带来的不确定性。因此,制度信任越高,企业越能对突破性创新产品绩效形成积极的预期,企业对新产品商业化的制度不确定性感知越低,越能够激励企业对突破性创新产品的商业化投入大量的资源,包括为突破性创新产品增加广告投入、加大渠道建设等商业化活动的资金支持力度。商业化投入的提高能够增强企业就突破性创新产品与商业公司、医院的合作关系的建立,使得新产品快速进入分销渠道、更快地被医疗结构和患者认可,即增强了突破性创新产品对新产品绩效的影响。Sorescu 等(2003)对医药企业的研究表明,那些能够为新产品提供更高水平的营销和技术支持的企业能够从突破性创新中获取更多的回报。基于以上分析,本研究提出如下假设:

[假设 13]制度信任正向调节了突破性创新与新产品绩效的关系。

(2)制度信任对渐进性创新和新产品绩效之间关系的调节作用。

本研究认为制度信任增强了渐进性创新和新产品绩效之间的 U 形关系。首先,制度信任越高,反映出政府机构对相关正式制度的执行越严格,那些低水平渐进性创新获得审批通过的可能性越低。因此,制度信任越高,低水平的渐进性创新对新产品绩效的负向影响越强。相反,制度信任比较低时,渐进性创新的审批也相对比较宽松。即使企业的渐进性创新对现有产品的改进比较微弱,也可能由于相对宽松的审评标准而获得审批上市。因此,制度信任越低,低水平渐进性创新对新产品绩效的负向作用越低。例如,2017 年 1 月国务院办公厅发布了《关于进一步改革完善药品生产流通使用政策的若干意见》,提出完善药品上市流通的相关政策意见,要求严格药品的上市审评和审批,其中提到"仿制药审批严格按照与原研药质量和疗效一致的原则进行",同时要求"加快推进已上市仿制药质量和疗效一致性评价"。这意味着我国的医药审评和审批制度会更加严格,企业的制度信任也会进一步增强。严格的制度信任,意味着只有渐进性创新水平比较高时,比现有产品的改进程度比较大时,才可能比较容易获得审批通过,帮助企业提高新产品绩效。

其次,制度信任比较高时,意味着外部完善、执行性强和稳定的制度环境形成了一个有效的制度系统结构。制度信任越高,高水平渐进性创新获得的专利、商业秘密和商标等创新成果越能够得到正式制度的有效保护。较高的制度信任意味着外部正式制度环境能够有效阻止竞争对手的恶意模仿行为,保持企业高水平渐进性新产品在市场上的独特性。因而,制度信任越高,越有利于企业通过高水平渐进性创新获得较高的顾客满意度、产品利润和扩张市场份额。相反,制度信任比较低的情况下,即使企业拥有高水平渐进性创新产品,也仍然面临被竞争对手模仿的风险,这种风险可能损害企业从渐进性创新中获取创新利益。因此,制度信任越高,高水平渐进性创新对新产品绩效的促进作用越强。基于以上分析,本研究提出如下假设:

[假设 14]制度信任正向调节了渐进性创新和新产品绩效之间的 U 形关系,即高制度信任时,低水平渐进性创新对新产品绩效的负向作用增强,而高水平渐进性创新对新产品绩效的正向作用也增强。

2.制度支持在创新获利阶段的调节作用

中国的制度变革和产业结构转型升级仍然在不断深化的过程中,政府仍然掌握大量的资源。政府主导的再分配制度会与市场力量共同作用决定中国的经济发展和企业战略。制度支持反映了政府为企业提供的有利的政策和项目、技术支持、财务支持等(Li 等,2001;Sheng 等,2011),不仅仅是企业面临的外部制度环境,也是企业可以利用的重要战略资源。就医药产业而言,新产品开发风险大、投资高,如果没有政府提供的制度支持,企业的创新产品获利仍会受到一定局限。制度支持可能不仅在创新产生阶段影响创新行为,也可能调节企业创新和新产品绩效之间的关系。

(1)制度支持对突破性创新和新产品绩效之间关系的调节作用。

本研究认为制度支持正向调节突破性创新和新产品绩效之间的关系。首先,为了从创新中获取利润,企业需要获取外部资源的支持。随着制度支持的增加,企业能够投入更多的资源对突破性创新产品进行商业化推广活动。加大创新产品的营销投入,有利于创新性较强的突破性创新药品快速地被医生和消费者认知和接受,有利于加强这些创新产品的市场占有率。因此,从资源的角度分析,制度支持增强了突破性创新和新产品绩效之间的关系。

其次,当制度支持力度比较高的时候,企业的突破性创新产品也越容易获得关键利益相关者的认可,意味着企业的突破性创新产品获得了较高的合法性。被关键利益相关者认可的合法性是一种宝贵的资源。一方面,合法性的提高有利于企业的突破性创新产品获得医生和患者的认可,这提高了企业的突破性创新产品在医院被医生采用的概率。另一方面,合法性的提高也有利于突破性创新产品得到渠道商(包括商业配送公司、药品零售企业)的认可,增强医药企业与这些渠道商企业之间的合作关系。商业配送公司对突破性创新产品认可度的提高,使得他们更愿意为医院等医疗结构配送企业的突破性创新产品;而药品零售企业对突破性创新产品认可度的提高,则能够极大提高消费者购买这些产品的方便程度。获得渠道商的认可和合作,不但对企业加强突破性创新产品的渠道扩展有重要影响,还对医药企业突破性创新产品提高销售额、销售利润和增强市场份额有非常积极的作用。

再次,突破性创新药品获批上市仅仅是提高企业新产品绩效的第一步,这些突破性创新药品还需要进入省级药品招标采购范围、当地医保报销目录,才有可能被更多医院、患者使用。当企业获得的制度支持力度比较高的时候,企业的突破性创新产品更容易进入国家或者是地方政府的医保目录。一旦进入医保目录,突破性创新产品则有可能成为医生治疗过程中的首选药物,也更容易被患者所接受,因为创新药品的很大一部分花费都由国家医保报销。中国政府鼓励将创新药纳入《国家医保药品目录》中,到 2017 年 8 月已有 20 个国家一类创新药物纳入进去。[①] 因此,创新药物获得国家的制度支持,有利于该产品被纳入医保目录,是企业提高绩效指标的重要推动力。

最后,某些区域政府机构为提高企业创新积极性制定了有利于企业突破性新产品商业转化的政策、项目,获取这种类型的制度支持可能直接增强突破性创新产品商业化的速度和便利度,有利于提高突破性创新产品商业化成功的效率、降低商业化推广成本。快速商业化有利于企业及时扩展分销渠道、加快医生和患者对突破性创新产品的认识、提高突破性创新产品的市场占有率。综合以上几个方面的分析,本研究提出如下假设:

[假设 15]制度支持正向调节了突破性创新与新产品绩效的关系。

(2)制度支持对渐进性创新和新产品绩效之间关系的调节作用。

本研究认为制度支持增强了渐进性创新和新产品绩效之间的 U 形关系。首先,政府机构之所以为企业提供制度支持,主要是为了推动企业进行创新程度更高的突破性创新,或者是对现有产品进行较大幅度的改进。如果企业仅仅进行低水平的渐进性创新活动,是难以获得政府机构制度支持的。即使企业可能获得了制度支持,这

---

① 中国制药网.新药和特药进医保,药企获得占领市场的机会[EB/OL].[2018-04-14].ht-tp://www.zyzhan.com/news/Detail/66519.html.

些支持性资源也可能是限定投资在创新程度更高的突破性创新产品或者是改进幅度更大的渐进性创新产品上的,而非投资在低水平渐进性创新项目的商业化上。因此,制度支持对低水平渐进性创新和新产品绩效的促进作用并不显著,反而会激励企业降低在低水平渐进性创新产品上的营销资源投入,鼓励企业将更多资源投入到创新程度更高的产品中。因而,制度支持进一步加剧了低水平渐进性创新对新产品绩效之间的负向影响。

其次,制度支持能够增强高水平的渐进性创新对新产品绩效促进作用。一方面,制度支持提供的资源有利于企业加强对高水平渐进性创新产品的营销活动的资源投入。更多的营销资源的投入,有助于高水平渐进性创新产品的广告推广和渠道建设。通过较高水平的营销活动,这些渐进性创新产品能够更迅速地覆盖更广范围的医院、零售药店,有可能提高患者获得这些药品的便利性。另一方面,高水平渐进性创新符合我国近年来提出的提高仿制药产品质量的政策要求。企业获得的制度支持越高,代表了企业对现有产品的高水平的改进得到了政府机构的认可和肯定。这种认可和肯定使得企业的高水平渐进性创新产品得到了一定的制度合法性。制度合法性越高,医院也更愿意接受这些质量更高、疗效更好的高水平渐进性产品,患者也更愿意使用此类产品。基于这些论述,可以预计制度支持越高,高水平渐进性创新对新产品绩效的促进作用更强。因此,本研究提出如下假设:

[假设16]制度支持正向调节了渐进性创新和新产品绩效之间的 U 形关系,即高制度支持时,低水平渐进性创新对新产品绩效的负向作用增强,高水平渐进性创新对新产品绩效的正向作用也增强。

3.政治联系在创新获利阶段的调节作用

(1)政治联系对突破性创新和新产品绩效之间关系的调节作用。

基于政治联系和创新管理的相关研究,本研究认为政治联系正向调节了突破性创新和新产品绩效之间的正向关系。首先,政治联系有助于企业应对突破性创新产品审批和营销过程中的制度不确定性。许多企业管理者认为政府规制是影响最大、最复杂和最难以预测的(Peng 等,2000)。一方面,当企业拥有较强政治联系的时候,企业能够更加及时、准确地理解与突破性创新产品审批相关的医药规制的变化,从而有针对性地准备审批资料,这有利于提高突破性创新产品成功审批的概率。另一方面,政治联系有利于增强政府机构对企业的认可度,特别是主管医药企业新产品审批的食品药品监督管理机构对企业创新产品的认可度。企业创新产品在审批机构获得较高的认可度,有利于突破性创新产品顺利审批通过。此外,当企业突破性创新产品在某些地方遭遇到某种程度的销售限制的时候,企业可以使用政治联系解决这些制度障碍,进而有利于企业突破性创新产品顺利扩大市场份额。

其次,政治联系能够帮助医药企业构建与商业伙伴之间的合作关系,进而促进突破性创新产品绩效的提升。一方面,某些拥有较强政治联系的医药企业,有利于与各级医院建立合作关系。这种合作关系的建立使得医药企业的突破性创新产品能够更加顺利地进入到医院销售。医院作为一种事业型服务机构,直接受到政府卫生主管部门的管理。因此,政府机构可能在医院药品采购中起到一定推动作用。另一方面,中国的医药产品销售实行药品生产企业和流通企业分离的制度。医药企业生产的药品必须经过流通企业——各个地方的商业公司配送到各级医疗机构,才能完成药品的销售。拥有较强政治联系的企业,往往利用政治联系可以快速与当地商业流通公司建立合作关系。依靠与商业公司间快速建立的合作关系,医药企业能够在更短时间内、更便捷地将企业的突破性创新产品销售到更广的区域内,进而有利于企业突破性创新产品绩效的提高。

一些学者的实证分析也为本研究提出政治联系正向影响企业突破性创新与新产品绩效之间的关系提供了支撑。刘鑫等(2016)的研究发现,企业政治网络关系正向调节了突破性创新与企业绩效之间的关系。Zhang 等(2015)对中国企业的研究发现,当企业进行突破性创新时,投入时间构建政治联系网络能够更好地提高企业绩效。Li 等(2001)的研究证实,政治联系正向调节了企业产品创新战略和新产品绩效之间的关系。基于以上分析,本研究提出如下假设:

[假设 17]政治联系正向调节了突破性创新与新产品绩效的关系。

(2)政治联系对渐进性创新和新产品绩效之间关系的调节作用。

基于政治联系和创新管理研究的相关分析,本研究认为政治联系负向调节了渐进性创新与新产品绩效之间的 U 形关系。首先,较高的政治联系反映了企业管理者与政府官员建立了比较深厚的非正式关系。一方面,当企业渐进性创新水平比较低时,政治联系有助于帮助这些改进幅度比较小的创新产品获得审批通过,从而加快这些产品的上市速度。另一方面,改进幅度比较小的渐进性创新相对而言是很难优先进入到医院、零售药店进行销售的。当政治联系比较高的时候,医药企业管理者可以通过寻求某些政府干预行为帮助改进幅度比较低的医药产品进入到医院、药店进行销售。综合两个方面的分析,较高程度的政治联系能够减弱低水平渐进性创新对新产品绩效的负面影响。

其次,当企业渐进性创新水平比较高时,较高的政治联系可能会降低渐进性创新对新产品绩效的正向影响。一方面,营销领域的研究认为,当企业进行渐进性创新的时候,企业应该采取顾客导向战略加强他们的营销活动(Atuahene-Gima 等,2005)。从资源平衡的角度考虑,过多的时间和资源投入到政治联系中会降低企业在营销活动中的时间和资源投入,继而降低渐进性创新对新产品绩效的影响。一些实证研究对这一观点提供了佐证。Zhang 等(2015)的研究发现,政治联系会负向调节利用性创新与企业绩效之间的关系。因为利用性创新通常涉及的制度不确定性相对较低,但是需要企业在内部营销能力上进行较高的改进。在政治联系上投入大量的时间可能会分散企业管理者进行内部改进的能力,因而会伤害企业绩效。基于以上论述,本研究提出如下假设:

[假设18]政治联系负向调节了渐进性创新和新产品绩效之间的 U 形关系,即高政治联系时,低水平渐进性创新对新产品绩效的负向作用减弱,高水平渐进性创新对新产品绩效的正向作用也减弱。

本章小结

本章在构建"制度因素—创新行为—创新绩效"概念模型的基础上,全面论述了三种不同制度因素影响企业创新的深层机制。通过理论分析,本章依次阐明了5个方面的研究问题:①制度信任、制度支持和政治联系如何直接影响突破性创新和渐进性创新? ②制度信任和制度支持交互作用如何影响突破性创新和渐进性创新? ③制度信任和政治联系的交互如何影响突破和渐进两种创新? ④突破性创新和渐进性创新对新产品绩效有何差异化影响? ⑤制度信任、制度支持和政治联系如何调节创新与新产品绩效之间的关系?经过深入分析,共提出 18 个假设,假设关系如图 3-2 所示。

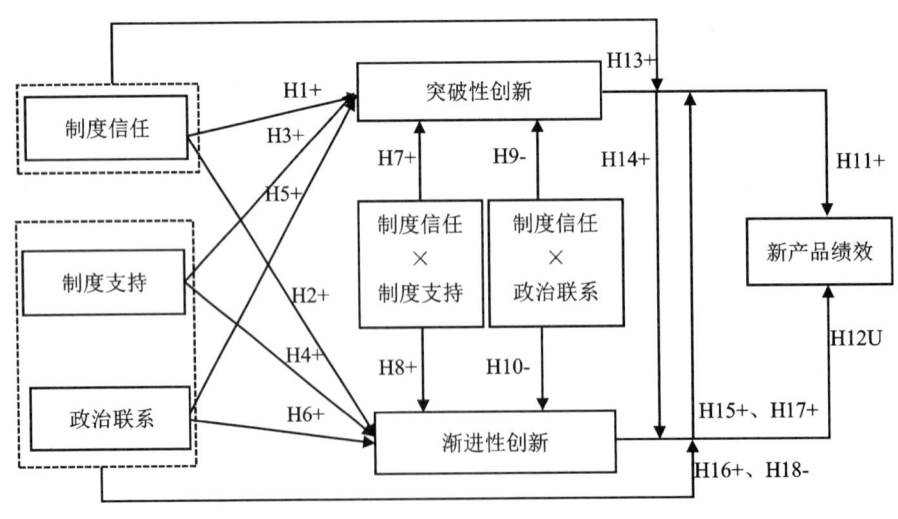

图 3-2　假设关系图

第四章 | 研究设计:
数据收集和研究方法

本章主要介绍数据收集和研究方法,其中第一部分对问卷设计、调研过程、样本特征和样本数据的可靠性等内容进行了详细介绍,第二部分是变量测量题项的选取,第三部分介绍相关统计方法。

第一节　数据收集设计

4.1.1　数据收集背景

课题组选用问卷调研的方法对有一定生产研发能力的医药企业进行调研,以收集数据。调研目的旨在为中国医药产业的法律保障、技术竞争与创新等问题的理论分析提供实证支持。作为这一基金项目研究的组成部分,本研究关注不同制度因素(制度信任、制度支持和政治联系)对创新产生和创新获利的影响机制。

医药企业是检验本研究理论模型和变量间关系假设的理想研究背景,因为医药产业呈现出以下特征:①医药产业是国民经济的支柱产业,医药企业创新与国民健康和生活质量息息相关,探究制度对医药创新的作用机制,能够为进一步的医药制度改革、产业结构转型升级、提高中国医药企业在全球市场的竞争力提供有益的理论分析和实践建议。②生物医药产业是创新驱动的,企业不但开展突破性创新活动(如新的药品开发),还进行较高水平的渐进性创新活动(如药品改变剂型、改变生产工艺等)。分析制度因素对企业创新的影响机制,有利于企业提高企业利用制度环境的能力、应对制度变革能力、提高创新能力。③相对其他产业,生物医药产业的创新活动受到制度因素的影响更加显著。一方面,生物医药产业中的创新活动的全过程,从药物筛选、临床试验、药品注册、新产品上市、上市后的安全监管等,都受到正式的法律法规的规制。企业对这些规制性正式制度的信任对创新行为和创新利益获取有极大影响。另一方面,医药产业是我国的战略重点产业,各级政府部门出台了多种产业政策鼓励生物医药企业创新活动。例如,从 2008 年开始中国通过"'重大新药创制'专项"对创新性高、能够满足重大疾病防治需求的创新性药品研发提供资助。其中包括手足口病 EV71 型疫苗、Sabin 株脊灰灭活疫苗等在内的多个 1 类新药都获得了这一转向计划的资助。因此,能否获得制度支持是企业考虑新药研发时的重要参考因素。最后,企业是嵌入到正式和非正式制度环境中的,由于中国传统关系社会的特点,医药企业创新难以隔绝政治联系的影响。

4.1.2 问卷设计过程

问卷调研是一种快速有效的数据收集方法,对于一些难以通过二手客观数据反映的变量能够设计多个题项进行测量。本研究涉及企业对外部正式制度的认知信任(制度信任)、制度支持、政治联系等核心变量,相关信息与企业战略决策紧密相关且带有一定隐私性质,企业一般并不愿意直接披露。综合考虑问卷调研是本研究进行实证检验时,最有效的数据收集方法。

本研究依据组织与管理研究的规范方法设计调研问卷。具体设计步骤如下:

第一,从 2014 年年初开始,课题组成员搜集相关领域权威文献的成熟量表,并与本领域的专家讨论分析,在综合归纳的基础上,筛选出问卷所需的原始英文参考量表。接下来,邀请同一研究领域中,精通中英文的几位研究者分别将由英文测量题项组成的量表翻译成中文。为保证翻译的准确性、流畅性,对研究者的翻译进行了反复比对和修改,最终保留能够准确表达原英文量表意思、符合中文表达习惯、易于理解的题项翻译。之后,课题组邀请西安交通大学管理学院教授(Chengli Shu)对问卷的中英文量表再次进行核对。

第二,对于没有英文量表的变量,课题组遵循规范的量表开发步骤设计量表(梁建等,2012)。具体而言,包含以下几个步骤:准确定义目标变量、确定理论边界、组成维度;发展变量的测量题项,并进行筛选;之后对量表的内容效度、结构、内部一致性、聚合效度和区分效度进行检验。

第三,将翻译自英文文献的量表和自行开发的量表整合,经多次修改和讨论,形成了《中国医药产业创新与发展调查问卷(征求意见稿)》。之后,就问卷内容、变量测量题项的表述等问题与相关领域的专家和行业从业人员进行实地访谈,并征求他们的意见。根据专家和行业从业人员提供的建议,对问卷进行了深入修改并形成了《中国医药产业创新与发展调查问卷(预调研稿)》。

第四,以西安市高新区 10 家医药企业为样本,课题组请企业中高层管理人员对预调研问卷进行了填写。预调研的主要目的包括:初步测试调研时间、初步检验企业管理者对问卷问题的理解和回答情况、检查问卷可能存在的文字表述不准确问题。

预调研问卷收回后,根据被调研对象的意见和预调研过程中发现的问题,课题组对问卷进行修正,以使问卷表述更加准确。最终,《中国医药产业创新与发展调查问卷》于 2014 年 7 月 15 日定稿。最终问卷包含四个部分:第一部分,企业基本信息;第二部分,企业创新;第三部分,创新环境;第四部分,企业竞争。本研究涉及的量表主要分布于前三部分。

4.1.3 调研过程

整个调研过程分为预调研、正式调研和结果整理三个部分。

第一,预调研。2014 年 7 月 9 日至 11 日选择西安市 10 家企业(包括陕药新技术中心、海欣制药、西安正大制药有限公司等)进行预调研。课题组成员亲自到被调研对象的办公地点,面对面请他们填写问卷,并对他们认为问卷中存在的问题当场给予回答并进行记录,还请他们在填写问卷后,就问卷的格式、内容提出自己的看法和建议。根据预调研发现的问题,对问卷进行了修改,最终于 2014 年 7 月 15 日完成了调研问卷终稿。

第二,正式调研。正式调研于 2014 年 7 月至 2015 年 2 月进行,主要由西安交通大学管理学院的部分教师和研究生负责完成。调研人员事先就问卷内容、基本背景知识、调研程序等方面进行了培训和交流。

本次调研工作在合理期限内完成,调研成本维持在研究经费预算之内。

为使调研活动更有效率,课题组将调研区域集中在湖北、江苏、陕西、河北、北京、四川、山西等地的医药工业园区,在此基础上尽可能拓展调研范围。课题组主要从调研目的地的食品药品监督管理局或开发区管委会提供的企业目录中选取调研样本企业。

调研以上门面访为主,对某些难以面访的企业采用电子问卷调研或者是邮寄问卷的方式进行调研。

面访调研程序包括:①提前与被调研企业预约初步确定被调研者愿意接受调研,并与其协商确定调研时间和地点;②到达被调研企业之后,调研人员向被访问人详细说明调研目的,并对调研问卷进行初步说明;③请被访问人按照对各个问题的真实判断,当场填写问卷;④调研过程中,调研人员及时回答被访问者在填写问卷过程中提出的一些疑问,并就填写过程中遗漏或回答不完全的一些问题与被访问人进行协调后进行增补;⑤整个调研过程大约持续 1.5 到 2 个小时;⑥问卷填写完成后,由调研人员当场收回;⑦由于一些企业管理人员公务繁忙,某些难以当场回收的问卷,调研人员恳请被调研企业完成后邮寄给课题组。

第三,结果整理。调研结束后,课题组首先对问卷进行整理和编码。之后,采用分组录入的方法,按照预先设计的数据结构组织课题组成员将合格的问卷统一录入电脑。同一份问卷分别由两个人录入。录入完毕后,比对两个人的录入结果,对录入不一致的情况进行核实和纠正,直到两次录入完全一致,以形成最终数据库。最终形成了 A 卷数据库和 B 卷数据库(每个企业都有 A、B 两份问卷)。

4.1.4　样本数量和统计特征

本次调研企业数量为 287 家,每家企业发放两份问卷,分别由两个中高层管理人员独立完成,最终回收了 251 家企业的调研问卷。为提高问卷质量,如果出现下列情况之一,则将问卷列为低质量问卷加以剔除:①空白问题达到总问题四分之一及以上;②"题项选择答案相同"连续达到总问题四分之一;③仅有单份问卷的样本企业。筛选之后得到 165 家企业的有效双份问卷(每家企业两份问卷),有效双份问卷回收率为 57.5%。通过对比已有研究,本研究所使用的样本数据规模(165 家企业)相对比较充足,能够保证对理论模型进行充分检验。

首先,已有文献中许多针对多行业企业的实证研究,样本数量与本研究的样本量相当。例如,Zhou 等(2012)对中国长江经济带高科技企业的知识管理和企业创新之间关系的研究中,其样本数量为 177 家企业,包含了信息技术、电子、机械和电子设备、新医药和生物工程、半导体设计几个不同行业中的企业。Zhou 等(2010)对企业技术能力与突破性创新关系的研究中,其问卷调研的样本数量为 192 家企业,包含了信息技术、电子、计算机设备和通信几个不同行业的企业。Kyriakopoulos(2015)对荷兰高科技 B2B 企业的营销资源和突破性创新的研究也采用了问卷调研的方式,但是他们的样本数量仅 111 家。

其次,本研究研究针对的是医药产业,相对于多行业企业的研究,单行业企业层面的问卷调研难度更大。一个原因是单行业调研可供选择的样本企业数量相对较少。另一个原因是单行业调研需要课题组组织更多的人员在全国范围内对同一行业企业进行统计,逐个联系,并确定这些企业愿意参与我们的调研活动。

最近的一些以问卷调研为主要数据收集方式的单行业研究样本规模也与本研究类似。Santo(2015)研究了酒店行业的商业模式创新和商业概念创新,通过网络问卷调研(Online-survey)的方式收集数据,其最终的样本数量只有 124 家企业。

综合以上两点分析可以看出,本研究最终收回的问卷调研样本企业数量相对而言是充足的,能够对本研究提出的理论假设进行检验。

(1)样本企业的地区分布如表 4-1 所示。

表4-1 企业样本地区分布

调研区域	双份样本数	占总样本比例(%)
广 东	1	0.61
上 海	3	1.82
湖 北	14	8.48
江 苏	11	6.67
浙 江	4	2.42
贵 州	2	1.21
河 南	5	3.03
陕 西	31	18.79
河 北	43	26.06
山 东	1	0.61
北 京	11	6.67
江 西	1	0.61
四 川	20	12.12
山 西	16	9.70
深 圳	2	1.21
总 计	165	100

(2)受访者的职务统计如表4-2所示。

表4-2 样本企业受访者职务

受访者职务	样本数	所占比例(%)
高层管理者	67	20.30
中层管理者	144	43.64
基层管理者	71	21.52
其 他	25	7.58
未注明职位	23	6.97
总 计	330(165*2)	100

(3)样本企业规模。

为了保证样本企业具有活跃的突破性创新和渐进性创新,在调研过程中,课题组应尽量选择有一定研发创新能力的企业进行调研。初步的样本筛选能够保证本研究所研究的样本企业有一定能力进行医药创新活动。

根据国家统计局2003年发布的《统计上大中小型企业划分办法(暂行)》,2000

人以上的企业可以划分为大型企业,300~2000 人的企业可以划分为中型企业,300 人以下的企业可以划分为小型企业。

以企业员工数为标准,有效双份问卷数据库中包含大型企业 16 家、中型企业 59 家、小型企业 88 家、未标明企业人数的 2 家。

本研究依据企业人数来划分企业规模,尽管某些企业在人数上小于 300 人,而被划分为小型企业,但是并不代表企业不能进行突破性创新和渐进性创新。以往的文献分析为这一观点提供了充分支撑。

第一,企业规模并不是决定企业是否进行突破性创新的决定因素。

第二,多种融资方式有利于小型企业解决创新投入不足的问题。尽管某些小型企业在内部财务资源方面可能受到限制,但是只要企业正在开发的新产品具有产生较高回报的潜力,企业可以方便地从资本市场获得风险投资,利用与大型医药企业的合作获取资金,也可能从政府机构获得制度支持等。Stringer(2000)指出小型企业通常是大部分突破性创新的主要来源,原因在于,小型企业通常围绕单一的突破性创新概念构建整个组织结构;与大型企业不同的是小型企业的领导人通常将有限的、全部的资源投入到突破性新技术和产品的开发过程中;较小的规模使得小型企业能够更接近市场,也使得它们更加敏捷、较少的官僚化,对于难以预料的商业化过程中出现的问题能够快速地解决。

第三,一些学者认为大型企业在进行突破性创新活动中也可能面临诸多困难。一方面,大型企业官僚化的组织结构、稳定的文化惯例都不利于企业进行突破性创新;另一方面,大型企业形成了比较稳定的、强有力的文化传统,由于过去的成功,大型企业更愿意将创新集中在渐进性创新上,而对风险性、未知性较强的突破性创新活动缺乏热情。然而,近年来对企业双元性进行分析和研究发现,大型企业可以通过构建双元组织同时进行突破性创新和渐进性创新活动(Tushman 等,1996)。许多大型企业也是突破性创新产品的重要引入者。

通过对现有文献进行系统分析,无论是小型企业还是大型企业都可以进行活跃的突破性创新和渐进性创新活动。在实践中,许多企业尽管在规模上属于小型医药企业,但是其仍然有能力进行创新活动,更有一些企业成功开发出突破性创新药品。例如,烟台麦得津生物工程有限公司是一家成立于 1999 年 6 月生物医药研发企业。尽管成立时间比较短,规模也相对比较小,但麦得津公司致力于在抗肿瘤、神经免疫类药物和生物制品等领域进行医药创新。麦得津生物工程有限公司开发的“重组人血管内皮抑制素注射液”(商品名:恩度)于 2005 年 9 月被国家食品药品监督管理总局批准为一类抗肿瘤新药,也是世界上首个血管内皮抑制素抗癌新药。

4.1.5　样本可靠性分析

共同方法偏差指由于同样的被访问者,同样的测量环境、测量题项语言,或者是调研项目本身特征可能造成解释变量和因变量之间存在某种程度的共变。共同方法偏差问题的存在会造成统计结果偏差的出现。

共同方法偏差的控制和检验包括多种方法,本研究选取了以下两种方法:

一是程序控制法。为控制共同方法偏差问题,在同一个企业中选取两个不同被调研者独立完成问卷。

二是 MV 标记检验法。选择一个在理论上与所有研究变量中至少有一个不相关的变量作为"MV"标记代表共同方法偏差,并选择"MV"变量与研究变量之间最低的正相关系数矫正变量之间的相关系数和统计显著性。如果矫正前后变量间两两相关系数显著性没有显著变化,则共同方法偏差问题很小,可以忽略。如果矫正前后变量间的两两相关系数的显著性发生了显著变化,则表明样本可能存在较高的共同方法偏差问题。

4.1.6　变量测量

1.测量题项选择程序

本研究遵循以下原则设计变量测量题项。

第一,为增加测量题项的有效性,在以往高水平文献中查找相同或者相似的度量题项。为使得变量测量题项符合中国情境,本研究尽量选取以中国为研究背景的英文文献的测量描述。如果不能找到与中国情境相匹配的测量题项,则采用以发达国家为研究背景的变量测量,在不改变问题原意的前提下,适当调整测量题项的语言表述,使之更符合中国情境的语言表达习惯,并在预调研中进行检验。

第二,如果目标变量没有成熟的量表,遵循梁建等(2012)的方法开发新的测量量表。

第三,测量题项以定量封闭式问题为主,以定性测量为辅。除特别说明外,每个题项均采用李克特 7 级度量法。其中 1 代表对问题描述完全不同意;7 代表对问题描述完全同意;4 代表中间状态。这种变量编码方式是目前问卷调查研究中的主流编码方式,一是可以方便地测量难以被客观数据描述的企业行为变量,二是采用多个测量题项的,可以对某个变量更加全面的测量,不同变量间具有较强的可比性。

2.测量题项开发

(1)制度信任的测量。

第一,遵循梁建等(2012)提出的构念测量题项发展程序,在明晰制度信任维度的基础上开发企业层面的制度信任的测量量表。这些程序包括:指定各相关度量项目的范围;根据变量的概念和内涵发展测量题项;测量题项的设计要精确到调查问卷具体可实施的程度。

第二,制度信任包含了制度执行性信任、制度完备性信任、制度稳定性信任三个子维度,是一个二阶反映型变量。这种维度划分和量表设计,一方面使量表设计更加直观,能够被企业管理者准确理解;另一方面,能够准确反映中国制度变迁过程是如何影响企业的制度信任的。①中国的制度变革经历了从不完备,到慢慢发展完备的过程,主要从制度完备性信任的角度进行测量。②早期的制度执行力度不足也导致企业更多地通过构建个人关系应对制度不确定性,但是近年来法制化进程的不断深入,企业管理者切实感受到了制度执行有效性得到极大提高,因此制度执行性信任最能反映企业管理者对制度环境信任程度变化。③制度变革必然导致很多旧的制度规则不断修改、新的制度规则不断提出。制度的频繁变化会影响制度稳定性,增强企业对制度环境不确定性的感知。相反,如果制度能够保持相对稳定,那么企业在战略行为制定时就能够感到可预测性比较高。因此,制度稳定性是决定企业制度信任的另一个重要因素。

第三,许多学者(Bachman 等,2011;Zucker,1986;McKnight 等,1998)对制度信任从理论上进行了分析。在深入分析现有文献和充分考虑中国医药企业的实际情况之后,本研究将制度看成是信任的客体,指企业对法律、法规和各种标准和规范等正式制度的感知信任程度。医药企业新产品的开发、生产和销售都受到各种正式的法律、法规和标准的严格规制。医药企业对规制性正式制度的信任程度直接影响其新产品开发战略的制定和实施,进而为本研究研究和测量制度信任提供了良好的研究情境。

制度完备性信任的测量:“依据贵企业对我国医药行业相关制度完备性的认识,选择您对以下说法的赞同程度为”:(IT1)企业相信这些法律和法规覆盖到了医药行业的所有方面;(IT2)企业相信这些法律和法规的惩罚性条款和处罚措施都非常明确;(IT3)企业相信这些法律法规对相应监督机制有详细的规定;(IT4)企业相信这些法律和法规不存在漏洞。

参考 Sheng 等(2011)的研究,制度执行性信任采用 3 个题项测量:“对我国在医药行业相关行业的立法和执法情况,您对以下说法的赞同程度为”:(IT4)能够保护企业的利益;(IT5)能够确保交易安全;(IT6)能够确保企业拿回应收账款。

制度稳定性信任的测量:“依据企业对我国医药行业相关制度稳定性的认识,选择您对以下说法的赞同程度为”:(IT7)企业相信这些法律和法规一直都相对稳定;(IT8)企业相信这些法律和法规不会经常发生改变;(IT9)企业相信这些法律和法规在未来不会发生太大改变。

（2）制度支持的测量。

本研究从财务资助和政策支持两个角度来测量制度支持（Institutional support, IS）。具体而言,通过询问"在过去三年中,贵企业得到的以下制度支持的程度为"（1=非常少;7=非常多）。借鉴 David 和 Martin（2000）的研究,设计三个题项测量企业获得的研发资助:（IS1）财政资金对研发项目的直接支持;（IS2）财政补贴;（IS3）财政贴息或低息贷款。借鉴 Salter 等（2001）的研究,设计三个题项测量企业获得的政策支持:（IS4）政府有关激励和引导社会资金投入该行业的政策;（IS5）政府激励增加从业人数的政策;（IS6）政府组织的推动本产业发展的政策和项目。

（3）企业政治联系的测量。

政治联系（Political ties, PT）指企业高层管理者与政府部门（如相关法律机构、技术中心、审计机构等）的人员所建立起来的联系（Peng 等,2000）。基于 Peng 等（2000）和 Sheng 等（2011）的研究,本研究通过询问"贵公司的高层管理者与以下人员的联系程度为（1=非常少;7=非常大）"测量政治联系。具体测量题项为:（PT1）各级政府部门的领导;（PT2）行业管理机构的官员;（PT3）政府管理机构的官员,比如工商、税务机构等。

（4）突破性创新和渐进性创新的测量。

渐进性创新（Incremental innovation, I_INN）主要指企业对现有产品和技术的改进和升级。基于 De-luca 等（2007）的研究,经适当调整确定了渐进性创新的三个测量题项:（I_INN1）经常改进改良现有市场的产品或服务;（I_INN2）相对已有技术,企业的创新主要集中于微小的改进;（I_INN3）企业的创新在很大程度上是基于现存的技术知识。

突破性创新（Radical innovation, R_INN）主要是开发与企业现有产品组合完全不同的新产品,或者是采用与现有技术不同的全新技术的创新类型。本研究基于 De-luca 等（2007）的研究采用三个题项测量突破性创新:（R_INN1）推出的新产品或服务是行业内的首例;（R_INN2）推出的新产品或服务能够为顾客提供前所未有的利益;（R_INN3）推出的新产品或服务代表着突破性的新技术。

（5）新产品绩效的测量。

参考 Kim（2010）的研究,采用四个题项测量企业的新产品绩效（New product performance, NPP）。具体而言通过询问"与主要竞争对手相比,贵企业的新产品在以下方面的表现相对更好":（NPP1）利润,（NPP2）销售额,（NPP3）满足顾客需求,（NPP4）市场份额。

（6）控制变量。

已有研究表明,企业年龄、企业规模、所有制类型、是否侧重研发等可能是影响企业创新或者是新产品绩效的内生性因素,但这些变量并非本研究的研究重点,本研究

99

将他们对因变量的影响加以控制。

第一,生命周期理论表明,企业年龄不同,其应对外部环境变化的能力、创新能力等都会不同。与新成立的企业相比,年龄较大的企业可能积累了丰富的资源,这有利于企业加大创新投入。但是年龄较大的企业也可能变得僵化,难以对外部技术创新机会做出有效的反应。因此,本研究选择企业年龄作为重要控制变量。

第二,规模较大的企业,内部资金相对更加充裕,这有利于企业加大创新投入。此外,规模的扩大还会为企业带来较高的声誉,也利于企业在市场上融资和进行创新合作。然而,规模扩大并非总是促进企业创新的。随着企业规模的扩大,管理者间权力制约也不断增加,可能导致企业创新成本的增加,对创新机会敏感度下降。因此,本研究选取企业规模作为控制变量。为了预防数据的偏态分布,用员工总数的自然对数测量企业规模。

第三,所有制类型。中国经济转型过程中,不同所有制类型的企业获取外部资源、进行研发投入的程度和创新效率都会存在差异。Zhou 等(2017)的研究发现,国有企业的所有制类型有利于企业获取关键的 R&D 资源,但是却使得企业的研发创新效率降低。因此,本研究选取所有制类型作为控制变量,并采用虚拟变量(1=国有企业;0=其他)测量。

第四,企业是否侧重进行研发创新活动也是一个重要的控制变量,本研究采用虚拟变量(1=侧重研发;0=其他)测量。

第五,医药产业是生物技术产业最重要的组成部分,企业对生物技术产业政策环境的熟悉程度不但是企业创新行为的重要指挥棒,也影响医药企业新产品的商业化,是企业获取创新价值必须考虑的重要因素。因此,本研究对这一因素也进行了控制。具体而言,通过询问"贵公司对以下生物技术产业政策的了解程度是(1=非常不熟悉;7=非常熟悉)",采用四个题项测量:(PF1)2012 年国务院颁布的《生物产业发展规划》;(PF2)2009 年国务院颁布的《促进生物技术产业加快发展的若干政策》;(PF3)2011 年科技部颁布的《"十二五"生物技术发展规划》;(PF4)贵公司所在地区政府的生物技术促进政策。

第二节 统计分析方法

4.2.1 信度和效度检验

1.信度分析

信度(Reliability)指采取同样的方法对同一对象重复进行测量时,所得结果相一致的程度,反映了变量的测量题项的内部一致性、稳定性和可靠性。对李克特量表,信度检验可采用 Cronbach α 系数和组合信度(Composite reliability, CR)判断。Cronbach α 系数取值在 0 到 1 之间,其值越大量表内部一致性越好。根据 Hinkin (1998)的观点,一般要求 Cronbach α 值至少要大于 0.7。CR 一般通过结构方程进行验证性因子分析获得,大于或等于 0.6 时说明组合信度良好。

2.效度分析

在实证研究中,常用的构念效度检验方法有内容效度、聚合效度和区别效度。

内容效度,也被称为"表面效度",指量表内容在多大程度上反映或代表了研究者所要测量的构念,即测量题项的代表性。量表中题项越能代表概念的主要领域或范围,其内容效度越好。

结构效度检测量表对被测概念结构与特征的反映程度,主要包括聚合效度检验和区分效度检验。

聚合效度反映测量同一变量的不同测量题项间的相互关联程度。有四条标准可用于检测量表的聚合效度:因子载荷值大于 0.4;因子载荷的 T 检验值的绝对值大于 1.96;验证性因子分析模型的拟合指标符合整体模型匹配程度的检验标准;平均萃取方差值(Average variance extrated, AVE)大于 0.5。

区分效度反映了不同因子(或变量)的区分程度。当一个构念的多个题项聚合时,这个构念的测量题项也应该与其他构念的测量题项不相关。现有研究使用比较多的区分效度检验方法有两种:①比较变量 AVE 的平方根与变量间相关系数的大小关系,如果一个变量的 AVE 平方根大于变量间的相关系数,则区分效度较高。②借助结构方程模型,卡方差异性检验和拟合指标比较理论模型及其他可能的竞争模型与数据的匹配性。如果原理论模型比竞争模型的匹配度更好,则说明原理论模型对变量的区分处理比较恰当,变量间的区分效度较高。

3.多重共线性检验

当自变量之间存在严重的共线性问题时,意味着自变量有共同解释的部分,会导致无法准确判断具体自变量对因变量的独立影响程度。一般可通过两个方法检验样本数据的共线性问题。第一个方法是判断相关系数:如果变量间的两两相关系数超过 0.8,则表明两个变量之间可能存在共线性问题。

第二个方法是可以通过容忍值判断共线性的大小。容忍值一般取值 0 到 1,容忍值越大代表共线性问题越小。在实践中,学者们常通过容忍值的倒数,即方差膨胀因子(Variance inflation faction, VIF)判断。VIF 值越小共线性问题越小,如果 VIF 值大于 10 则多重共线性问题比较严重。

4.2.2 因子分析

采用两步先进性探索性因子分析(Exploratory factor analysis,EFA)确定因子结构,再进行验证性因子分析(Confirmative factor analysis,CFA)检验量表效度。

1.探索性因子分析

探索性因子分析的目的是检验变量的因子结构,是验证性因子分析之前非常有用的模型设定方法,有利于在进行 CFA 之前调整测量题项确定因子结构。管理学实证研究中经常采用 SPSS 软件进行探索性因子分析。将研究涉及的所有变量的测量题项依据主成分法提取公因子,选择最大方差旋转法进行因子旋转。

首先,采用巴特利特球体检验来对 KMO 样本充分性进行测量。吴明隆(2003)指出, KMO 值 < 0.6,不适合进行因子分析;0.6 < KMO 值 < 0.7 可以进行因子分析,但较为勉强;KMO 值 > 0.7 数据可以进行因子分析;KMO 值 > 0.8 数据适合进行因子分析;KMO 值 > 0.9 数据非常适合进行因子分析。

其次,通过旋转成分矩阵所得的各测量题项在公因子上的载荷,判断测量题项是否聚集在理论上应该反映的构念变量上,是否存在交叉负荷现象。如果某一题项存在严重的交叉负荷现象,应将其删除。

2.验证性因子分析

本研究采用 AMOS 22.0 软件进行验证性因子分析,具体步骤参见吴明隆(2009)。这一研究方法被广泛使用,并被认为是聚合效度相对比较保守的检验方法。研究者可根据理论或实际需要对模型施加条件约束,观察不同因子结构模型与数据的拟合程度,检验已知的特定结构是否按照预期方式产生作用。

(1)模型拟合指标。

验证性因子分析根据拟合指数判断测量模型和数据的匹配度。常见的包括绝对拟合指数和相对拟合指数。

绝对拟合指数与回归方程中的 R^2 相似,指模型共变异数矩阵解释样本共变异数矩阵的比例。χ^2 值越小越好,df 反映出模型的复杂程度,模型越简单,自由度越多。$\frac{\chi^2}{df}$ 越小模型拟合度越高,一般 2∶1 或 3∶1 是可以接受的拟合度较好的标志。RMSEA < 0.08 表明拟合度可以接受,RMSEA < 0.05 表明拟合度非常好。一般情况下, GFI 和 AGFI 超过 0.9 则表明模型拟合效果较好,超过 0.95 说明模型拟合效果非常好。

相对拟合指数表示测量模型的适配度与独立模型相比所改善的程度。CFI 和 NFI 在 0.9 以上说明模型拟度合较好,超过 0.95 表示模型拟合度非常好。

（2）标准化因子载荷。

标准化因子载荷(Standard factor loading,SFL)是量表聚合效度的重要检验指标。一般认为 SFL 大于 0.7 是比较合适的。Hair 等(2006)认为 SFL 大于 0.5 也是可以接受的。

（3）组合信度。

组合信度(Composite reliability,CR)是一种比 Cronbach α 系数更严谨的信度检验方法。CR 值应大于或等于 0.6 说明量表的一致性较好,CR 的具体计算公式为:

$$CR = \frac{\sum(标准化因子载荷)^2}{\sum(标准化因子载荷)^2 + \sum(观察变量的误差变异量)} \tag{4-1}$$

（4）平均提取方差百分比。

AVE 是表示聚合效度的另一个重要检验指标,其平方根也用于检验量表的区分效度。AVE 取值大于 50% 就说明测量模型的内部质量良好,量表具有较好的聚合效度。AVE 的具体计算公式为:

$$AVE = \frac{\sum(标准化因子载荷^2)}{\sum(标准化因子载荷^2) + \sum(观察变量的误差变异量)} \tag{4-2}$$

4.2.3 假设检验方法

1.多元线性回归

多元回归分析模型用米分析和验证一系列解释变量与结果变量之间是否存在显著相关性,并明确这种变量之间相关性的方向和性质。多元回归模型旨在多个解释变量和结果变量之间建立最适合的回归方程,其方程构建依据最小二乘法,实现样本散点与回归模型之间的离差平方和 Q 达到最小值。其中离差平方和 Q 的计算公式为:

$$Q = \sum(Y_i - \hat{Y}_i)^2 \tag{4-3}$$

在公式(4-3)中,Y_i 代表第 i 次观测值,$\hat{Y}_i$ 表多元回归方程,即:

$$\hat{Y} = b_0 + b_1X_1 + b_2X_2 + \cdots + b_nX_n \tag{4-4}$$

多元回归分析可以同时分析与处理多个解释变量,通过分析解释变量在结果变量总变异中所占比例的大小,进一步分析它们之间的相关关系。一般使用 F 检验比较回归均方差和均方残差是否存在显著差异来判断回归方程的显著性;针对解释变量影响结果变量的显著性,主要通过 T 检验对回归系数的显著性进行检验;模型回归系数的正负符号则表明了解释变量影响结果变量的性质。最后,根据回归模型 ΔR^2 的大小判断解释变量影响结果变量的相对重要性。

2.中介效应检验

中介效应检验包括以下 3 个步骤。①检验自变量对中介变量的回归系数是否显著。②检验自变量对因变量的回归系数是否显著。③如果前两个相关系数都显著，则继续将自变量和中介变量同时放入回归模型对因变量回归，通过观察自变量对因变量的回归系数相比第二步回归是否发生变化来判断中介效应是否存在。如图 4-1 所示为中介效应检验步骤。

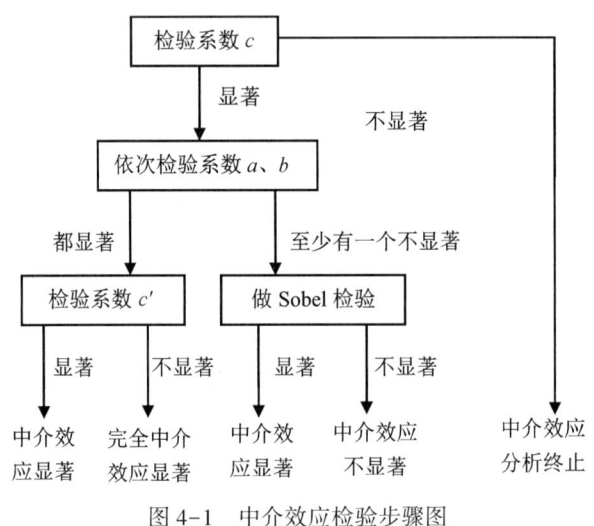

图 4-1 中介效应检验步骤图

假如有三个变量分别是自变量 (X)、因变量(Y) 和中介变量(M)，其中介效应如图 4-2 所示。

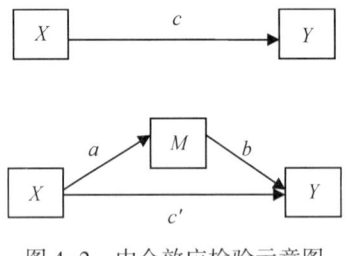

图 4-2 中介效应检验示意图

第一步，检验自变量对因变量的作用，假如回归系数 c 不显著，说明不存在中介效应，停止检验；假如系数 c 显著，接着进行下面的步骤。

第二步，做自变量和中介变量以及中介变量和因变量之间的回归方程的检验，假如系数 a、b 都显著，就接着做自变量、中介变量和因变量之间的回归方程检验，如果此时自变量系数 c' 仍显著，则说明部分中介效应存在；如果此时自变量的系数 c' 不显著，则说明完全中介效应存在。

第三步,如图 4-1 所示的自变量和中介变量以及中介变量和因变量之间的回归方程两个系数 a、b 并不完全显著,则需要做 Sobel 检验。Sobel 检验是更严格的中介作用检验方法,如果检验显著,那么中介效应存在,如果不显著,则中介效应不存在。Sobel 检验如公式(4-5)所示。

$$Z = \frac{ab}{\sqrt{b^2 S_a^2 + a^2 S_b^2}} \tag{4-5}$$

公式(4-5)中,a 是中介变量对自变量的非标准化回归系数,S_a 是 a 的标准误;b 是因变量对中介变量的非标准化回归系数,S_b 是 b 的标准误。

3.调节效应检验

调节效应指一个变量(M)影响了自变量(X)对因变量(Y)的影响,如图 4-3 所示。陈晓萍等(2012)认为可通过如图 4-3 所示的三个步骤检验调节效应。

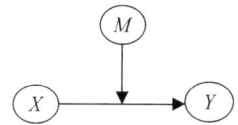

图 4-3 调节效应示意图

第一步,检验自变量 X 对因变量 Y 的主效应,计算公式为:

$$Y = a_1 + b_1 X + \varepsilon_1 \tag{4-6}$$

第二步,在上述方程中加入调节变量 M,计算公式为:

$$Y = a_2 + b_2 X + c_2 M + \varepsilon_2 \tag{4-7}$$

第三步,加入自变量 X 与调节变量 M 的交互项(XM),如果交互项 XM 的回归系数 d_3 显著,则说明调节变量 M 对自变量 X 和因变量 Y 之间的关系有显著调节作用,如果 d_3 不显著,则说明 M 的调节作用不显著。

$$Y = a_3 + b_3 X + c_3 X + d_3 XM + \varepsilon_3 \tag{4-8}$$

为避免多重共线性问题,在生成交互项之前,需要分别对自变量和调节变量进行中心化处理(Aiken 等,1991)。

(4)交互效应检验。

图 4-4 为交互效应的示意图,可以通过两个步骤进行检验。

第一步,检验两个解释变量(X_1 和 X_2)在解释因变量(Y)时的显著性,计算公式为:

$$Y = a_1 + b_1 X_1 + c_1 X_2 + \varepsilon_1 \tag{4-9}$$

第二步,将两个自变量(X_1 和 X_2)相乘之后构成一个交互项($X_1 X_2$),将交互项加入主效应模型,形成一个有三个解释变量的回归方程,计算公式为:

$$Y = a_2 + b_2X_1 + c_2X_2 + d_2X_1X_2 + \varepsilon_2 \qquad (4\text{-}10)$$

在该模型中,需要检验交互项 X_1X_2 的回归系数 d_2 是否显著,如果显著,则说明 X_1 和 X_2 对 Y 的影响存在交互效应。

与上述检验调节效应时一样,为避免多重共线性的影响,要对自变量进行中心化处理,使用中心化之后的自变量构筑交互乘积项,如图 4-4 所示。

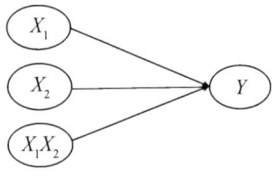

图 4-4　交互效应示意图

本章小结

首先,本章对问卷设计、样本选择和数据收集过程进行了详细描述;其次,对核心变量进行了简要描述,并具体说明各变量的测量题项;最后,对本研究可能使用到的统计方法进行了总结,包括信度分析、因子分析、调节效应检验、交互效应检验等。

<table>
<tr><td>第五章</td><td>实证检验结果</td></tr>
</table>

本章应用上一章提到的统计分析方法,采用医药企业调研数据对第三章提出的研究假设进行检验。本章主要包括信度和效度检验、假设检验结果、本章小结。

第一节　信度和效度检验

5.1.1　探索性因子分析

进行探索性因子分析(EFA)的目的是初步分析变量测量的因子结构,以检验特定变量是否能够与其他变量区别开来。本研究采用 SPSS 22.0 对本研究涉及的 8 个潜变量进行探索性因子分析(共 33 个测量题项),以检验量表的因子结构。其中制度信任是包含三个子维度的二阶反映型潜变量,其他变量为多题项一阶反映型潜变量。采用最大方差旋转法的因子分析,提取了 9 个特征根大于 1 的因子(KMO = 0.784),Bartlett 球形检验结果($\chi^2 = 3\,954.011, df = 528$)和累计解释的总方差(77.668%)都表明量表适合进行因子分析。然而,进一步对旋转因子元件矩阵进行分析,发现 I_INN1 存在严重的交叉载荷现象(在因子 3 和 4 上的载荷分别为 0.311 和 0.467),需要删除 I_INN1 这一测量题项。

删除 I_INN1 后再次进行因子分析,结果显示 35 个测量题项提取出 10 个因子,解释了 79.099% 的总方差,KMO 值为 0.720,Bartlett 球形检验指标显示量表适合进行因子分析($\chi^2 = 3884.764, df = 496$),测量题项都显著荷载于它们应该反映的潜变量上,且不存在严重的交叉载荷现象。

5.1.2　验证性因子分析

本研究采用 AMOS 22.0 软件构建结构方程模型(SEM)进行验证性因子分析

（CFA）以检验量表信度和效度。本研究构建了两个测量模型，所有一阶潜变量构建一个测量模型，制度信任构建一个二阶潜变量的模型，分析结果如表 5-1 所示。

在测量模型中，单维度变量的测量题项荷载于单一因子上；对多维度变量，一阶因子负载于二阶因子上。其中 Model1 是对所有一阶潜变量（新产品绩效、突破性创新、渐进性创新、制度支持、政治联系、政策熟悉度）的 CFA 模型；Model2 为制度信任的二阶反映型测量模型。

Model1 最初构建的测量模型中 I_INN3 这一题项的误差方差为负数，根据 Dulac，Henderson 和 Wayne（2008）的研究将其误差方差设置为 0，重新运行测量模型。结果如表 5-1 所示。拟合指标（$\chi^2 = 274.835$、$df = 193$、$\chi^2/df = 1.424$、$CFI = 0.967$、$GFI = 0.876$、$IFI = 0.967$、$RMSEA = 0.051$）表明模型 1 和数据拟合良好。各潜变量的测量题项的标准化因子载荷都大于 0.5 的可接受范围，所有测量题项都显著荷载于它们所应测量的潜变量因子上，量表具有良好的单一维度性。AVE 都大于 50%，表明量表具有较好的聚合效度；各潜变量的组合信度（CR）都大于 0.6，表明量表具有良好的信度，展现出较高的内部一致性。

Model2 中制度信任以三个子维度的线性组合为代表。二阶反映型变量的效度由三个一阶潜变量的路径系数所决定（Katsikeas 等，2006）。如表 5-1 所示，模型拟合指标（Model2：$\chi^2 = 62.651$、$df = 32$、$\chi^2/df = 1.958$、$CFI = 0.972$、$GFI = 0.926$、$IFI = 0.972$、$RMSEA = 0.076$）表明 Model2 与数据拟合良好。制度信任的三个一阶变量：制度完备性、制度执行性和制度稳定性的标准化因子载荷分别为 0.760、0.628、0.754，均大于 0.5 的可接受范围，说明它们是由更高阶的构念所决定的；测量题项在三个一阶变量上的标准化因子载荷也均大于 0.5 的可接受范围。因此，制度信任的所有测量题项都显著荷载于它们所应测量的潜变量因子上，量表具有很好的单一维度性。一阶变量和二阶变量的 CR 值均大于 0.6，AVE 均大于 50%，表明量表具有良好的信度和聚合效度。

表 5-1　验证性因子分析结果

	测量题项	*SFL*	*CR*	*AVE*（%）
测量模型 Model1				
新产品绩效	*NPP*1	0.830	0.857	60.9
	*NPP*2	0.944		
	*NPP*3	0.564		
	*NPP*4	0.734		
突破性创新	*R_INN*1	0.839	0.894	73.8
	*R_INN*2	0.855		
	*R_INN*3	0.883		

	测量题项	*SFL*	*CR*	*AVE*(%)
渐进性创新	*I_INN*1	/	0.786	66.4
	*I_INN*2	0.572		
	*I_INN*3	1.000		
制度支持	*IS*1	0.790	0.863	60.2
	*IS*2	0.852		
	*IS*3	0.782		
	*IS*4	0.822		
	*IS*5	0.648		
	*IS*6	0.743		
政治联系	*PT*1	0.875	0.900	75.0
	*PT*2	0.814		
	*PT*3	0.906		
政策熟悉度	*PF*1	0.955	0.950	82.8
	*PF*2	0.950		
	*PF*3	0.902		
	*PF*4	0.827		
测量模型 Model2				
制度信任	完备性	0.760	0.759	51.3
	执行性	0.628		
	稳定性	0.754		
完备性	*IC*1	0.872	0.911	72.1
	*IC*2	0.925		
	*IC*3	0.888		
	*IC*4	0.693		
执行性	*IE*1	0.825	0.771	70.7
	*IE*2	0.914		
	*IE*3	0.778		
稳定性	*IST*1	0.900	0.859	67.2
	*IST*2	0.833		
	*IST*3	0.716		

	测量题项	SFL	CR	$AVE(\%)$
模型拟合指标	Model1:$\chi^2 = 274.835$、$df = 193$、$\chi^2/df = 1.424$、$CFI = 0.967$、$GFI = 0.876$、$IFI = 0.967$、$RMSEA = 0.051$;Model2:$\chi^2 = 62.651$、$df = 32$、$\chi^2/df = 1.958$、$CFI = 0.972$、$GFI = 0.926$、$IFI = 0.972$、$RMSEA = 0.076$			

注:/—由于交叉载荷严重而删除;SFL—标准化因子载荷(Standardfactor loading);CR—组合信度(Composite reliability);AVE—平均方差抽取值(Average variance extracted);CFI—Comparative fit index,IFI—Incremental fit index;RMSEA—Root mean square error of approximation。

5.1.3 描述性统计和相关分析

相关分析的目的在于初步判断模型设置或假设提出是否合理;根据相关程度决定是否做共线性检验。表5-2报告了研究变量的Pearson相关系数和区别效度分析结果。相关性反映了不考虑其他变量(如控制变量)所起到的作用时变量两两间相互作用的可能性。表5-2对角线粗体为AVE的平方根,均大于横向和纵向的变量间的相关系数值,证明本研究使用的量表区分效度良好。

5.1.4 共同方法偏差的检验

首先,为从程序上避免共同方法偏差问题,根据Padsakoff等(2003)的建议,本研究中进行问卷调研时,每家企业由两名中层以上管理人员独立完成调研问卷,并随机编码成A卷和B卷,构建A卷数据库和B卷数据库,不同变量分别从A卷数据库和B卷数据库中选取。其次,MV标记法检验。本研究选择"员工离职"为标签变量,并以它与其他变量间最小的正相关系数($r = 0.001$)矫正其他变量间的相关系数和统计显著性。矫正后两两变量间相关系数的显著性没有发生明显变化(如表5-2对角线的上三角数据所示)。因而,本研究所使用的问卷调研数据不存在严重的共同方法偏差问题(Lindell等,2001)。

5.1.5 多重共线性检验

如表5-2的相关系数矩阵所示,变量间的相关系数均没有超过0.8;回归分析时,所有变量的VIF值均小于2,远小于警戒值10,因而可判断本研究所涉及的变量不存在严重的多重共线性问题。

表5-2 相关系数和区别效度

变 量	01	02	03	04	05	06	07	08	09	10	11
01 年龄	NA	0.580**	0.311**	-0.031	0.093	0.092	-0.073	-0.034	0.013	0.132	0.144
02 规模	0.579**	NA	0.263**	0.100	0.231	0.177**	0.029	-0.112	0.046	0.254**	0.111
03 所有制类型	0.277**	0.265**	NA	-0.017	0.110	-0.031	0.037	0.090	0.063	0.020	0.071
04 侧重研发	-0.042	0.095	-0.008	NA	0.117	0.049	0.177*	-0.216**	-0.068	0.166*	-0.139
05 政策熟悉度	0.090	0.216**	0.116	0.110	0.910	0.158*	0.210**	-0.108	0.189*	0.153	-0.067
06 新产品绩效	0.094	0.183*	-0.026	0.027	0.152	0.780	0.381**	0.175*	0.321**	0.204**	0.187*
07 突破性创新	-0.079	0.036	0.052	0.157*	0.197*	0.385**	0.859	0.011	0.198*	0.226**	0.116
08 渐进性创新	-0.037	-0.114	0.096	-0.198*	-0.096	0.163*	0.019	0.814	0.109	0.023	0.245**
09 制度信任	0.026	0.046	0.047	-0.083	0.174*	0.314**	0.203**	0.105	0.716	0.105	0.288**
10 制度支持	0.135	0.249**	0.016	0.178*	0.163*	0.192**	0.202**	0.033	0.088	0.776	0.313**
11 政治联系	0.163*	0.121	0.057	-0.136	-0.047	0.191*	0.109	0.235**	0.267**	0.322**	0.866
12 mv marker	0.063	-0.010	-0.043	-0.021	0.133	0.071	-0.038	0.001	-0.046	0.107	0.094
均 值	1.096	2.431	0.164	0.527	4.847	5.036	4.444	4.632	4.467	3.893	5.145
标准差	0.445	0.728	0.371	0.501	1.58	0.822	1.307	1.079	0.865	1.515	1.167

注：①对角线为解释性方差百分比（AVE）的平方根；②对角线下面的数值为变量间的相关系数；③对角线上面的数据为用 mv marker 矫正后的偏相关系数；④ *—$p < 0.05$，**—$p < 0.01$（双尾检验）；⑤NA 是英文 Not Available 的缩写，表示此处不适用统计分析。

111

第二节 假设检验结果

本研究采用 SPSS 22.0 软件,通过分析多元线性回归检验假设关系。为避免潜在的多重共线性问题,本研究对交互项和调节项涉及的变量全部进行了中心化处理。

5.2.1 制度资本对突破性创新的影响检验

(1)检验假设 1、假设 3 和假设 5,检验结果如表 5-3 所示。

第一,模型 1a 以突破性创新为因变量,以控制变量为自变量进行回归。回归结果表明侧重研发和政策熟悉度与突破性创新正相关,而企业年龄、所有制类型与突破性创新的相关性都不显著。

第二,模型 1b 在模型 1a 的基础上加入制度信任为自变量,进行回归。回归结果表明制度信任的回归系数为 $\beta = 0.183(p < 0.05)$,假设 1 提出的制度信任与突破性创新正相关得到支持。

第三,模型 1c 在模型 1a 的基础上加入制度支持为自变量,进行回归。结果表明制度支持的回归系数为 $\beta = 0.191(p < 0.05)$,表明制度支持与突破性创新显著正相关,假设 3 得到支持。

第四,模型 1d 在模型 1a 的基础上加入政治联系为自变量,回归结果显示政治联系 $(\beta = 0.159, p < 0.05)$ 与突破性创新正相关,假设 5 得到了支持。

第五,模型 1e 在模型 1a 的基础上加入三个制度因素作为自变量,回归结果显示,制度信任 $(\beta = 0.152, p < 0.1)$ 和制度支持 $(\beta = 0.155, p < 0.1)$ 对突破性创新的正向影响是显著的,而政治联系 $(\beta = 0.063, p > 0.1)$ 对突破性创新的影响则变得不那么显著。

表 5-3 制度因素对突破性创新影响的回归结果

	突破性创新				
	模型 1a	模型 1b	模型 1c	模型 1d	模型 1e
控制变量					
年　龄	−0.122	−0.115	−0.126	−0.138	−0.126
规　模	0.032	0.027	−0.009	0.020	−0.010
所有制类型	0.051	0.042	0.061	0.047	0.050
侧重研发	0.150[+]	0.167[*]	0.126	0.172[*]	0.153[+]
政策熟悉程度	0.181[*]	0.148[+]	0.160[*]	0.191[*]	0.141[+]
自变量					

续表

	突破性创新				
	模型 1a	模型 1b	模型 1c	模型 1d	模型 1e
制度信任(IT)		0.183*			0.152+
制度支持(IS)			0.191*		0.155+
政治联系(PT)				0.159*	0.063
R^2	0.075	0.107	0.107	0.099	0.137
R^2 改变		0.032	0.033	0.024	0.063
F	2.481*	3.042**	3.069**	2.791*	3.005**

注:①***—$p < 0.001$;**—$p < 0.01$;*—$p < 0.05$;+—$p < 0.1$(双尾检验)。②系数为标准化回归系数。

(2)制度支持在政治联系和突破性创新之间的中介作用机制探索。

以上回归结果表明,政治联系单独作用(模型 1d)对突破性创新有显著正向影响,但三个制度因素同时放入回归模型时(模型 1e),政治联系对突破性创新的影响变得不显著了。

为解释以上问题,本研究对现有的政治联系文献进行了系统分析。许多研究理所当然地认为政治联系有助于企业获取政府提供的各种制度支持(Sheng 等,2011;Gao 等,2015;Shi 等,2013)。基于这些分析,本研究初步推断制度支持可能在政治联系与突破性创新之间起到完全中介作用。这可能是导致模型 1e 中政治联系的回归系数不显著原因。

为了探索和检验制度支持是否在政治联系和突破性创新之间起到中介作用,回归结果如表 5-4 所示。第一步将自变量对因变量进行回归,即自变量政治联系对因变量突破性创新进行回归,模型 2b 的结果证明政治联系($\beta = 0.159, p < 0.05$)与突破性创新的直接效应是存在的。第二步,检验自变量和中介变量(制度支持)的关系。如模型 2f 所示,政治联系与中介变量制度支持($\beta = 0.336, p < 0.001$)显著正相关。第三步,检验中介变量与突破性创新的关系。如表 5-3 模型 1c 所示,制度支持($\beta = 0.191, p < 0.05$)与突破性创新显著正相关。第四步,检验自变量和中介变量同时对因变量的作用,如模型 2d 所示,以突破性创新为因变量,以政治联系和制度支持为自变量。回归结果表明,政治联系与突破性创新的关系变得不显著($\beta = 0.108, p > 0.1$),而中介变量制度支持($\beta = 0.151, p < 0.1$)与突破性创新之间的关系仍然显著。基于以上四个步骤的分析,初步判断制度支持在政治联系和突破性创新之间起到了完全中介效应。

进一步地,Sobel 检验结果也证实制度支持($Z = 1.673, p < 0.1$)在政治联系和突

破性创新之间起到显著的中介作用。

以上分析结果证实制度支持在政治联系和突破性创新之间起到了完全中介作用。这一中介效应的存在能够比较合理地解释为什么模型1d中单独作用时政治联系能够正向影响突破性创新,而将三种制度因素同时放入模型1e中时政治联系对突破性创新的正向影响却变得不显著了。

本研究重点关注了三种制度因素对突破性创新的直接影响和交互作用机制,制度支持在政治联系与突破性创新之间起到中介作用并不是本研究分析的重点。但对制度支持中介机制的额外分析,也对本研究的研究假设起到了一定补充作用,有助于更深入地理解制度因素影响企业创新的复杂机制。这一中介机制的明晰,与以往文献中的一些研究的观点是一致的。学者们在分析政治联系对企业战略行为的影响时,无论是从社会资本、资源依赖或者是制度理论的视角,都认为政治联系能够提高企业获取政府机构控制的有形或者是无形的资源(Sheng 等,2011;Gao 等,2015;Shi 等,2013;Hillman 等,1999)。本研究为这一观点提供了更加具体的实证证据,证明制度支持在政治联系和突破性创新之间起到了完全中介作用。

表5-4 制度支持在政治联系和突破性创新的中介作用回归结果

	突破性创新			制度支持		
	模型2a	模型2b	模型2c	模型2d	模型2e	模型2f
控制变量						
年　龄	−0.122	−0.138	−0.126	−0.136	0.021	−0.012
规　模	0.032	0.020	−0.009	−0.009	0.216	0.191
所有制类型	0.051	0.047	0.061	0.056	−0.055	−0.063
侧重研发	0.150+	0.172*	0.126	0.145$^+$	0.129	0.175
政策熟悉程度	0.181*	0.191*	0.160*	0.171*	0.109	0.130
自变量						
制度支持(IS)			0.191*	0.152$^+$		
政治联系(PT)		0.159*		0.108		0.336***
R^2	0.075	0.099	0.107	0.118	0.095	0.172
R^2改变		0.024	0.033	0.043		0.108
F	2.481*	2.791*	3.069**	2.882**	3.249**	6.500***

注:①***—$p < 0.001$;**—$p < 0.01$;*—$p < 0.05$;$^+$—$p < 0.1$(双尾检验)。②所有系数为标准化回归系数。

5.2.2 制度资本对渐进性创新的影响

(1)三个制度因素对渐进性创新影响的检验结果如表5-5所示。

表 5-5 制度因素对渐进性创新影响的回归结果

	渐进性创新				
	模型 3a	模型 3b	模型 3c	模型 3d	模型 3e
控制变量					
年　龄	−0.013	−0.008	−0.015	−0.035	−0.032
规　模	−0.102	−0.104	−0.124	−0.118	−0.123
所有制类型	0.125	0.120	0.131	0.120	0.119
侧重研发	−0.195*	−0.185*	−0.209**	−0.164*	−0.166*
政策熟悉程度	−0.074	−0.094	−0.085	−0.059	−0.072
自变量					
制度信任(IT)		0.111			0.050
制度支持(IS)			0.102		0.025
政治联系(PT)				0.228**	0.205*
R^2	0.073	0.085	0.083	0.123	0.125
R^2 改变		0.012	0.009	0.049	0.052
F	2.432*	2.367*	2.295*	3.565**	2.703**

注：① ***—$p < 0.001$；**—$p < 0.01$；*—$p < 0.05$；+—$p < 0.1$（双尾检验）。②系数为标准化回归系数。

第一，模型 3a 以渐进性创新为自变量，以控制变量为因变量，回归结果表明侧重研发与渐进性创新负相关（$\beta = -0.195$，$p < 0.05$），而企业年龄、所有制类型和政策熟悉程度都与渐进性创新的关系不显著。

第二，模型 3b 在模型 3a 的基础上加入制度信任为自变量，回归结果表明制度信任（$\beta = 0.111$，$p > 0.1$）与渐进性创新之间的正向关系不显著，假设 2 没有得到支持。

第三，模型 3c 在模型 3a 的基础上加入制度支持为自变量，回归结果显示制度支持（$\beta = 0.102$，$p > 0.1$）与渐进性创新之间的关系不显著，假设 4 未得到支持。

第四，模型 3d 在模型 3a 的基础上加入政治联系，回归结果证明政治联系（$\beta = 0.228$，$p < 0.01$）与渐进性创新显著正相关，假设 6 得到了支持。

第五，进一步地模型 3e 在模型 3a 的基础上，三个制度因素全部作为自变量进行回归，结果进一步证实制度支持（$\beta = 0.050$，$p > 0.1$）和制度支持（$\beta = 0.025$，$p > 0.1$）与渐进性创新之间的关系不显著，而政治联系（$\beta = 0.205$，$p < 0.05$）与渐进性创新之间呈显著正相关。假设 2 和假设 4 没有得到实证支持，假设 6 得到了支持。

（2）制度支持在政治联系和渐进性创新之间的中介作用机制探索。

在上文分析的基础上，本研究认为有必要探索制度支持是否也在政治联系和渐进性创新之间起到中介作用。根据表 5-5 的回归结果,本研究初步判断制度支持没有在政治联系和渐进性创新之间起到中介作用,但为了更加严格地检验,本研究参照 Baron 等(1986)的中介效应检验法,进行了进一步分析(表 5-6)。

表 5-6　制度支持在政治联系和渐进性创新中的中介作用回归结果

	渐进性创新				制度支持	
	模型 4a	模型 4b	模型 4c	模型 4d	模型 4e	模型 4f
控制变量						
年　龄	−0.013	−0.015	−0.035	−0.035	0.021	−0.012
规　模	−0.102	−0.124	−0.118	−0.123	0.216	0.191
所有制类型	0.125	0.131	0.120	0.122	−0.055	−0.063
侧重研发	−0.195*	−0.209**	−0.164*	−0.168*	0.129	0.175
政策熟悉程度	−0.074	−0.085	−0.059	−0.063	0.109	0.130
自变量						
制度支持(IS)		0.102		0.024		
政治联系(PT)			0.228**	0.220**		0.336***
R^2	0.073	0.083	0.123	0.123	0.095	0.172
R^2 改变		0.009	0.049	0.050		0.108
F	2.432*	2.295*	3.565**	3.049**	3.249**	6.500***

注:①***—$p < 0.001$;**—$p < 0.01$;*—$p < 0.05$;$^+$—$p < 0.1$(双尾检验)。②所有系数为标准化回归系数。

第一步,将自变量对因变量进行回归,如模型 4c 所示,证明政治联系($\beta = 0.228$,$p < 0.01$)与渐进性创新的直接效应是存在的。

第二步,检验自变量和中介变量(制度支持)的关系,如模型 4f 所示,政治联系与中介变量制度支持($\beta = 0.336$,$p < 0.001$)显著正相关。

第三步,检验中介变量(制度支持)与渐进性创新的影响。如表 5-6 模型 4b 所示,制度支持($\beta = 0.102$,$p > 0.1$)与渐进性创新的正向关系不显著。

第四步,检验自变量和中介变量同时对因变量的作用,如模型 4d 所示,政治联系与渐进性创新的关系显著($\beta = 0.220$,$p < 0.05$),而中介变量制度支持($\beta = 0.024$,$p > 0.1$)与渐进性创新之间的关系不显著。基于以上四个步骤的分析,初步判断制度支持在政治联系和渐进性创新之间没有起到中介作用。

Sobel 检验结果也进一步表明制度支持($Z = 0.278$,$p > 0.1$)在政治联系和渐进性创新之间的中介作用不显著。

对表 5-4 和表 5-6 的结果进行综合分析,制度支持在政治联系和突破性创新之间起到了完全中介作用,而其在政治联系和渐进性创新之间并没有起到中介作用。尽管大多数文献分析认为政治联系有利于企业获得制度支持,从而影响企业的战略行为或结果。但对比分析,本研究发现这一路径并不总是成立,需要区别政治联系对不同行为的影响。当企业依靠政治联系促进突破性创新行为时,政治联系必须通过制度支持这一中介才能发挥作用,而当企业依靠政治联系促进渐进性创新行为的时候,政治联系不需要通过制度支持的中介作用,可直接对渐进性创新产生显著影响。

5.2.3 制度因素的交互项对突破性创新和渐进性创新的影响

表5-7为制度信任和制度支持的交互、制度信任和政治联系的交互项对突破性创新和渐进性创新的影响。

首先,检验假设7和假设8。模型5a以控制变量、制度信任、制度支持和政治联系为自变量进行回归。模型5b在模型5a的基础上加入交互项 $IT^* IS$ 和 $IT^* PT$,回归结果显示制度信任和制度支持的交互项($IT^* IS$)($\beta = 0.204, p < 0.05$)与突破性创新显著正相关,制度支持和政治联系的交互项($IT^* PT$)($\beta = -0.162, p < 0.1$)与突破性创新显著负相关,证明制度信任和制度支持在促进突破性创新中起到互补作用,而制度信任和政治联系对突破性创新的影响则存在替代作用,假设7和假设8均得到了实证支持。

其次,检验假设9和假设10。模型5c以渐进性创新为因变量,以控制变量、制度信任、制度支持和政治联系为自变量进行回归。模型5d在模型5c的基础上加入交互项 $IT^* IS$ 和 $IT^* PT$,结果表明 $IT^* IS(\beta = 0.234, p < 0.05)$ 与渐进性创新显著正相关,而 $IT^* PT$ 与渐进性创新显著负相关($\beta = -0.204, p < 0.05$),证明制度信任和制度支持在推动渐进性创新的过程中起到互补作用,而制度信任和政治联系在促进渐进性创新的过程中起到替代作用,假设9和假设10均得到了支持。

表5-7 交互项对突破性创新和渐进性创新影响的回归结果

	突破性创新		渐进性创新	
	模型5a	模型5b	模型5c	模型5d
控制变量				
年　龄	−0.126	−0.084	−0.032	0.020
规　模	−0.010	−0.024	−0.123	−0.139
所有制类型	0.050	0.014	0.119	0.073
侧重研发	0.153[+]	0.170	−0.166[*]	−0.144[+]
政策熟悉程度	0.141[+]	0.151	−0.072	−0.062

	突破性创新		渐进性创新	
	模型 5a	模型 5b	模型 5c	模型 5d
自变量				
制度信任(IT)	0.152^+	0.155	0.050	0.054
制度支持(IS)	0.155^+	0.134	0.025	0.000
政治联系(PT)	0.063	0.054	0.205^*	0.193^*
交互项				
IT^*IS		0.211^*		0.256^{**}
IT^*PT		-0.170^+		-0.219^*
R^2	0.137	0.170	0.125	0.175
R^2 改变		0.032		0.049
F	3.005^{**}	3.046^{**}	2.703^{**}	3.152^{**}

注：① ***—$p < 0.001$；**—$p < 0.01$；*—$p < 0.05$；$^+$—$p < 0.1$（双尾检验）。②所有系数均为标准化回归系数。

5.2.4 突破性创新和渐进性创新对新产品绩效的影响

假设 11 和假设 12 的回归结果如表 5-8 所示。模型 6a 以新产品绩效为因变量，以控制变量为自变量进行回归。模型 6b 在模型 6a 的基础上加入突破性创新（R_INN）、突破性创新的平方（R_INN^2）、渐进性创新（I_INN）和渐进性创新的平方（I_INN^2）为自变量，结果发现突破性创新的一次项（R_INN）系数显著（$\beta = 0.364$，$p < 0.001$）、二次项系数不显著（$\beta = -0.042, p > 0.1$），表明突破性创新与新产品绩效显著正相关，且不存在曲线关系，假设 11 得到支持；渐进性创新的一次项（$\beta = 0.189$，$p < 0.01$）和二次项（$\beta = 0.125, p < 0.1$）系数都显著，表明渐进性创新与新产品绩效之间呈 U 型关系，假设 12 得到了支持。

表 5-8 突破性创新和渐进性创新对新产品绩效影响的回归结果

	新产品绩效	
	模型 6a	模型 6b
控制变量		
年 龄	0.020	0.063
规 模	0.156^*	0.172^+
所有制类型	-0.093	-0.131^+
侧重研发	0.016	-0.007

	新产品绩效	
	模型 6a	模型 6b
政策熟悉程度	0.138[+]	0.076
自变量		
突破性创新(R_INN)		0.364[***]
R_INN^2		−0.042
渐进性创新(I_INN)		0.213[**]
I_INN^2		0.125[+]
R^2	0.056	0.244
R^2 改变		0.186
F	1.826	5.368[***]

注：①[***]—$p < 0.001$；[**]—$p < 0.01$；[*]—$p < 0.05$；[+]—$p < 0.1$（双尾检验）。②所有系数均为标准化回归系数。

5.2.5　制度资本创新获利阶段的调节作用

1.制度信任对创新与绩效之间关系的调节作用

假设 13、14 的检验结果如表 5-9 所示。模型 7a 以新产品绩效为因变量，以控制变量、突破性创新（R_INN）、突破性创新的平方项（R_INN^2）、渐进性创新（I_INN）、渐进性创新的平方项（I_INN^2）为自变量进行回归。模型 7b 在模型 7a 的基础上加入调节变量制度信任（IT），模型 7c 在模型 7b 基础上加入制度信任和突破性创新的交互项 $R\_INN^* IT(\beta = 0.155, p < 0.1)$、制度信任和渐进性创新的交互项 $I\_INN^* IT(\beta = -0.158, p < 0.05)$、制度信任和渐进性创新的平方的交互项 $I\_INN^{2*} IT(\beta = 0.305, p < 0.01)$。回归结果表明假设 13、假设 14 都得到了支持，即制度信任对突破性创新和新产品绩效之间关系的正向调节作用显著，对渐进性创新和新产品绩效之间的 U 形关系也有正向调节作用。

表 5-9　制度信任对创新与新产品绩效之间关系的调节作用

	新产品绩效		
	模型 7a	模型 7b	模型 7c
控制变量			
年　龄	0.063	0.066	0.076
规　模	0.172[+]	0.165[+]	0.144[+]

	新产品绩效		
	模型 7a	模型 7b	模型 7c
所有制类型	-0.131^{+}	-0.138^{+}	-0.144^{*}
侧重研发	-0.007	0.015	0.016
政策熟悉程度	0.076	0.043	0.056
自变量			
突破性创新(R_INN)	0.364^{***}	0.322^{***}	0.336^{***}
R_INN2	-0.042	-0.045	-0.084
渐进性创新(I_INN)	0.213^{**}	0.191^{**}	0.168^{*}
I_INN2	0.125^{+}	0.113	0.141^{*}
调节变量			
制度信任(IT)		0.218^{**}	-0.001
交互项			
$R\_INN^{*}IT$			0.155^{+}
$I\_INN^{*}IT$			-0.158^{*}
$I\_INN^{2}{}^{*}IT$			0.305^{**}
R^2	0.244	0.287	0.363
R^2 改变		0.043	0.076
F	5.368^{***}	5.991^{***}	6.402^{***}

注:① ***—$p<0.001$;**—$p<0.01$;*—$p<0.05$;$^{+}$—$p<0.1$(双尾检验)。②所有系数均为标准化回归系数。

为进一步明晰制度信任的调节作用,本研究参考 Aiken 等(1991)的简单斜率作图法进行说明。"Low 制度信任"指高于其均值 1 个标准差,"High 制度信任"指高于其均值 1 个标准差;"Low 渐进性创新"指低于其均值 2 个标准差,"High"渐进性创新指高于其均值 2 个标准差;"Low 突破性创新"指低于其均值 2 个标准差,"High"突破性创新指高于其均值 2 个标准差。如图 5-1 所示,高制度信任的情况下,突破性创新对新产品绩效的正向作用更强;如图 5-2 所示,高制度信任的情况下渐进性创新和新产品绩效之间 U 形关系也更强。

2.制度支持对创新与绩效之间关系的调节作用

假设 15 和假设 16 的检验结果如表 5-10 所示。模型 8a 以新产品绩效为因变量,以控制变量、突破性创新(R_INN)、突破性创新的平方项(R_INN^2)渐进性创新(I_INN)、渐进性创新的平方项(I_INN^2)为自变量进行回归。模型 8b 在模型 8a 的基

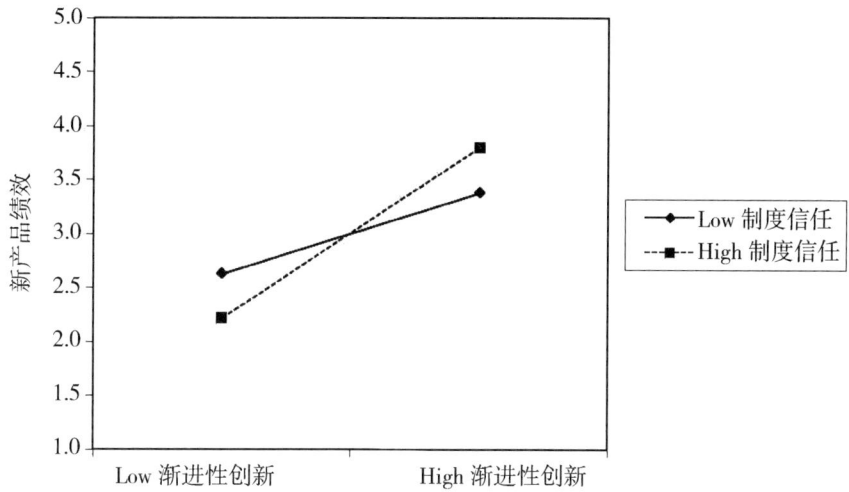

图 5-1　制度信任对突破性创新与新产品绩效之间关系的调节作用

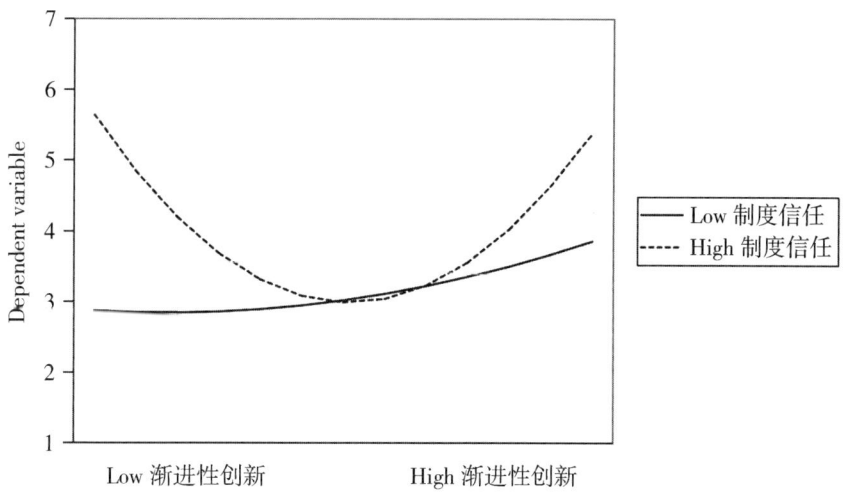

图 5-2　制度信任对渐进性创新与新产品绩效之间关系的调节作用

础上加入调节变量制度支持(IS),模型 8c 在模型 8b 基础上加入制度支持和突破性创新的交互项 $R\_INN^* IS(\beta =- 0.036, p > 0.1)$、制度支持和渐进性创新的交互项 $I\_INN^* IS(\beta =- 0.025, p > 0.1)$、制度支持和渐进性创新的平方的交互项 $I\_INN^2 {}^* IS(\beta = 0.034, p > 0.1)$。回归结果表明假设 15 和假设 16 都没有得到支持,即制度支持对突破性创新与新产品绩效之间正向关系和渐进性创新与新产品绩效之间的 U 形关系的调节作用都不显著。

表 5-10　制度支持对创新和新产品绩效之间关系的调节作用

	新产品绩效		
	模型 8a	模型 8b	模型 8c
控制变量			
年　　龄	0.063	0.060	0.056
规　　模	0.172$^+$	0.155$^+$	0.153
所有制类型	−0.131$^+$	−0.125	−0.124
侧重研发	−0.007	−0.017	−0.018
政策熟悉度	0.076	0.068	0.074
自变量			
突破性创新(R_INN)	0.364***	0.349***	0.341***
R_INN^2	−0.042	−0.043	−0.028
渐进性创新(I_INN)	0.213**	0.206**	0.202*
I_INN^2	0.125$^+$	0.130$^+$	0.146$^+$
调节变量			
制度支持(IS)		0.080	0.066
交互项			
R_INN^*IS			−0.036
I_INN^*IS			−0.025
$I\_INN^2{}^*IS$			0.034
R^2	0.244	0.249	0.251
R^2 改变		0.005	0.002
F	5.368***	4.944***	3.773***

注：①***—$p < 0.001$；**—$p < 0.01$；*—$p < 0.05$；$^+$—$p < 0.1$（双尾检验）。②所有系数均为标准化回归系数。

3.非正式制度因素对创新与绩效之间关系的调节作用

假设 17 和假设 18 的检验结果如表 5-11 所示。模型 9a 以新产品绩效为因变量,以控制变量、突破性创新(R_INN)、突破性创新的平方项(R_INN^2)渐进性创新(I_INN)、渐进性创新的平方项(I_INN^2)为自变量进行回归。模型 9b 在模型 9a 的基础上加入调节变量政治联系(PT),模型 9c 在模型 9b 基础上加入政治联系和突破性创新的交互项 R_INN^*PT($\beta = 0.058, p > 0.1$)、政治联系和渐进性创新的交互项 I_INN^*PT($\beta = -0.134, p > 0.1$)、政治联系和渐进性创新的平方的交互项 $I\_INN^2{}^*PT$($\beta = 0.158, p > 0.1$)。回归结果表明假设 17 和假设 18 都没有得到支持,即政治联系对突破性创新、渐进性创新与新产品绩效之间关系的调节作用不显著。

表 5-11 政治联系对创新与新产品绩效之间关系的调节作用

	新产品绩效		
	模型 9a	模型 9b	模型 9c
控制变量			
年　龄	0.063	0.053	0.061
规　模	0.172+	0.164+	0.138
所有制类型	−0.131+	−0.129+	−0.113
侧重研发	−0.007	0.004	−0.021
政策熟悉程度	0.076	0.083	0.084
自变量			
突破性创新(R_INN)	0.364***	0.350***	0.337***
R_INN^2	−0.042	−0.035	−0.041
渐进性创新(I_INN)	0.213**	0.191*	0.169*
I_INN^2	0.125+	0.126+	0.164*
调节变量			
政治联系(PT)		0.098	−0.045
交互项			
R_INN*PT			0.058
I_INN*PT			−0.134
I_INN^2*PT			0.158
R^2	0.244	0.252	0.285
R^2 改变		0.008	0.034
F	5.368***	5.019***	4.487***

注：①***—$p < 0.001$；**—$p < 0.01$；*—$p < 0.05$；+—$p < 0.1$（双尾检验）。②所有系数均为标准化回归系数。

本章小结

本章概述了数据的基本特征和概念模型的统计分析结果。分析表明了本研究构建的变量和使用的量表满足信度和效度的检验标准，实证数据能够用以检验本研究提出的假设。假设检验结果如表 5-12 所示，其中 12 个假设得到了支持，6 个假设没有得到支持。

表5-12 假设验证汇总

假　设	关系描述	结　果
主效应假设		
假设1	制度信任与突破性创新正相关	支持
假设2	制度信任与渐进性创新正相关	未支持
假设3	制度支持与突破性创新正相关	支持
假设4	制度信任与渐进性创新正相关	未支持
假设5	政治联系与突破性创新正相关	支持
假设6	政治联系与渐进性创新正相关	支持
假设7	制度信任和制度支持的交互与突破性创新正相关,即二者在影响突破性创新时有互补作用	支持
假设8	制度信任和制度支持的交互与渐进性创新正相关,即二者在影响渐进性创新时有互补作用	支持
假设9	制度信任和政治联系的交互与突破性创新负相关,即二者在影响突破性创新时有替代作用	支持
假设10	制度信任和政治联系的交互与渐进性创新负相关,即二者在影响渐进性创新时有替代作用	支持
假设11	突破性创新与新产品绩效正相关	支持
假设12	渐进性创新与新产品绩效之间呈U形关系	支持
调节效应假设		
假设13	制度信任正向调节了突破性创新与新产品绩效的关系	支持
假设14	制度信任正向调节了渐进性创新和新产品绩效之间的U形关系,即高制度信任时,低水平渐进性创新对新产品绩效的负向作用增强,高水平渐进性创新对新产品绩效的正向作用也增强	支持
假设15	制度支持正向调节了突破性创新与新产品绩效的关系	未支持
假设16	制度支持正向调节了渐进性创新和新产品绩效之间的U形关系,即高制度支持时,低水平渐进性创新对新产品绩效的负向作用增强,高水平渐进性创新对新产品绩效的正向作用也增强	未支持
假设17	政治联系正向调节了突破性创新与新产品绩效的关系	未支持
假设18	政治联系负向调节了渐进性创新和新产品绩效之间的U形关系,即高政治联系时,低水平渐进性创新对新产品绩效的负向作用减弱,高水平渐进性创新对新产品绩效的正向作用也减弱	未支持

第六章 | 研究结果讨论与研究意义

在整合制度理论和创新管理研究的基础上，本研究揭示了制度信任、制度支持和政治联系在创新产生阶段和创新获利阶段对企业创新的深层作用机制。本章将对上一章的实证结果进行讨论，并对本研究的理论意义和实践意义进行概述。

第一节　实证结果讨论

6.1.1　制度资本对企业突破性创新和渐进性创新的影响

1.制度信任对突破性创新和渐进性创新的影响(假设1和假设2)

制度信任是本研究首次引入到企业创新战略研究框架中的变量，并没有成熟的实证结论为本研究讨论制度信任如何影响创新产生和创新获利提供指导。本研究以对往制度信任作用机制的研究为基础，提出制度信任越高意味着法律制度越能够为企业的创新行为和创新结果提供充分保护、能有效降低企业创新风险认知。

实证结果表明制度信任对突破性创新的影响是显著的，假设1得到了支持。这表明企业进行风险性更大的突破性创新时，制度信任是激励企业创新的核心制度要素。突破性创新常常需要企业投入大量资金，进行长时间的试验开发工作，失败的风险也非常大。巨大的开发成本，使得企业进行突破性创新时，必须充分考虑外部正式法律法规能否有效保护企业的创新利益、是否能够有效抑制竞争对手的机会主义行为、企业的突破性创新产品在审批过程中是否面临较大的制度不确定性等问题。这些核心考虑因素都建立在企业对外部正式制度是否具有可信性的评估基础上。没有可信任的制度环境，企业在突破性创新上大规模的资金、人力和时间投入可能面临无法获益的可能性，也难以限制竞争对手对企业突破性创新而创造的知识产权的模仿。由此可见，较高的制度信任能够提高企业突破性创新的积极性，降低企业对制度不确定性的担忧。

实证分析发现制度信任对渐进性创新的促进作用不显著,假设 2 没有得到支持。相较于突破性创新,渐进性创新面临的风险相对较小、投资相对较小、开发周期相对较短。这意味着渐进性创新面临的技术不确定性和制度不确定性也相对较低。这时,制度信任可能并不是企业进行渐进性创新的首要考虑因素。高信任度的制度环境虽然为渐进性创新提供了相对较完善、稳定的制度环境,但其对渐进性创新的促进作用可能在统计上并不显著。对比分析可见,制度信任对突破性创新的影响是显著的。

以往制度理论分析中对规制性制度因素如何影响企业行为有所涉及。一些学者从 GDP 发展水平(Gao 等,2015)、专业市场化改革(Dau,2012)、知识产权改革(Khoury 等,2010)等方面来测量正式制度环境的发展水平。通过这些代理变量分析外部正式制度环境的完善程度如何影响企业行为,反映了学者们在实证检验方面对外部约束性法律法规的重视。然而,这些代理变量仅仅反映了某一方面的制度,难以反映企业对外部制度环境的整体认知。面对同样的制度环境,不同企业的理解和认知是不同的。重视企业对制度环境的认知是非常重要的,因为企业创新计划的制订和执行,都建立在企业自身对外部环境的解读、内部资源和能力的评估上。Six(2014)也持有类似的观点,他们认为制度不是简单地从上到下的强制工具,制度首先要具有可信性。制度能否发挥规制机会主义行为、促进交易和创新的作用依赖于公众和企业对制度的信任态度。本研究在理论模型中引入制度信任这一概念,测量企业对外部正式制度环境的认知,并检验制度信任对突破性创新、渐进性创新和新产品绩效的影响机制,弥补了以往制度理论研究上述的不足之处。本研究在理论模型中引入制度信任,一方面突出了企业对外部正式制度环境认知在企业内部创新战略决策中的重要作用;另一方面为探究正式制度因素影响企业创新行为、占有创新价值的深层机制奠定了基础,丰富了现有文献中研究制度因素影响企业行为时的制度因素范畴。

假设 1 和假设 2 的研究结论进一步坚定了政府通过建立良好的外部制度环境,推动医药产品创新的信心。2017 年 10 月,中共中央办公厅、国务院办公厅发布了《关于深化审评审批制度改革鼓励药品医疗器械创新的意见》,之后《〈中华人民共和国药品管理法〉修正案(草案征求意见稿)》和《药物临床试验机构管理规定(征求意见稿)》陆续出台。这些规制性法律法规的进一步完备,明确了医药企业创新转型的发展方向。中国现阶段正在超越原来相对比较局限的模仿创新和跟随创新,无论在企业层面还是国家政策层面都更加重视突破性创新活动,因为突破性创新是企业转型升级的推动力,也是重塑中国创新型国家的核心竞争力最重要的路径。那么如何从制度层面更有效地推动企业突破性创新？本研究结论表明,需要在完善外部正式制度环境,提高企业制度信任方面着力。较高的制度信任使企业有更强的积极性进行突破性创新活动。

2.制度支持与突破性创新和渐进性创新的关系(假设 3 和假设 4)

制度支持是各国政府经常采用的,引导企业创新的重要制度工具,包括直接的财务支持、鼓励企业创新的各种支持政策。制度支持是一种法律之外的正式制度因素,对企业和产业在某一方向的发展和成长有激励和引导作用(Shu 等,2014)。综合而言,制度支持代表了正式的资源性制度因素,将其纳入理论模型中,是全面分析制度因素影响企业创新行为和创新绩效深层机制的重要组成部分。假设 3 提出制度支持能够正向影响突破性创新,得到了实证支持;假设 4 提出制度支持正向影响渐进性创新,没有得到实证支持。

本研究对医药企业制度支持和创新行为之间关系的分析结论与一些学者基于中国企业背景的理论观点是一致的。许庆瑞等(2013)认为,中国政府更鼓励企业进行技术突破更强的创新活动,鼓励企业在取得原创成果的自主创新上着力。Shu 等(2014)指出,中国的制度支持系统的重要目标之一是推动中国本土的自主创新。此外,他们的研究发现制度支持的一个重要目标是促进专利数目的提高,但是对专利质量的影响非常有限。突破性创新可能有利于企业申请更多的专利,特别是创新性比较强的发明专利,更有可能被政府看作产品创新和科技进步的标杆;而渐进性创新聚焦于对现有技术和产品的改进,其可能申请的专利数量相对比较少,且多集中在创新性较低的实用新型专利上,导致其很难成为产品创新和科技进步的标杆,能够获得制度支持的可能性相对也比较小。李晓冬等(2015)的研究也持有类似的观点。他们认为政府支持能够有效激励政府导向型企业不断提高专利数量以获取政府资源。

一些学者对制造业企业的实证研究结论也对本研究研究结论有一定支持。Shu 等(2016)对中国制造业企业的实证分析发现,制度支持与突破性创新正相关而与渐进性创新之间的关系不显著。Gao 等(2015)的实证研究发现,制度支持比政治联系对突破性创新的影响更大。因此,由于渐进性创新吸引政府资源的能力有限,制度支持对渐进性创新可能没有足够的推动力。

尽管存在以上理论和实证上的一致性,但是 Shu 等(2016)、Gao 等(2015)、李晓冬等(2015)的研究样本来自制造业企业,并没有考虑产业差异特点的影响。不同产业中,制度支持政策存在很大差异,这种将多个产业混杂在一起的研究方法,可能难以对具体产业提供更加准确的理论解释和实证指导。本研究以医药产业为研究背景,将研究样本限定在医药企业上,能够为企业管理实践提供更加准确的理论和实证指导。

从医药企业实践的角度考虑,如果企业仅仅对现有产品进行微小改进,可能会进一步加剧我国医药企业低水平重复建设的问题。为了避免过度刺激医药企业进行重复建设,医药产业的制度支持更倾向于限制对渐进性创新项目的投入。张春辉等(2011)的研究发现,无论是创新投入补贴还是创新产品补贴,补贴标准的提高都会鼓励企业更多地进行突破性创新,降低企业对渐进性创新的选择。因此,尽管从理论上分析制度支持可能与渐进性创新正相关,然而在实证上制度支持对渐进性创新的影响却难以达到统计结果的显著性水平。这表明理论和实证存在一定差异,理论分析必须得到实证检验才能更有效指导企业决策的制定。本研究将研究情境具体到生物医药产业,研究结论和理论分析能够为政府如何构建制度支持政策和制度,以及有效促进企业创新提供更准确的参考。

3.政治联系与突破性创新和渐进性创新的关系(假设 5 和假设 6)

政治联系指企业管理者与各级政府部门的管理人员建立的非正式关系,代表了一种非正式制度因素(Sheng 等,2011),也代表了一种资源性制度因素。中国是传统的关系型社会(Xin 等,1996),非正式关系在企业战略中发挥重要作用。在受到制度规制影响较大的医药产业中,政治联系作为重要的制度因素可能通过几种机制影响企业对不同创新模式的战略选择。因此,将政治联系纳入研究模型是探究制度因素影响企业创新深层机制的重要组成部分。假设 5 论证了政治联系与突破性创新之间的正向关系,假设 6 论证了政治联系与渐进性创新之间的正向关系,都得到了实证支持。

首先,本研究的研究结论与现有的以中国企业为背景的实证研究结论是一致的。Chen 等(2014)对 119 家中国企业的实证进行研究发现,政治联系与突破性创新正相关。他们认为中国企业的突破性创新离不开其与政府部门的良好关系,政治联系可以帮助企业获得稀缺资源,有利于突破性创新产品的开发活动的进行。Gao(2015)对中国企业的研究发现,政治联系正向影响突破性创新。

其次,也有一些学者的研究结论与本研究的研究结论存在一定程度的不一致性。刘鑫等(2016)对 172 家高科技企业的调研和分析发现,在探索式创新的前期开发阶段,企业政治网络关系对探索式创新没有显著影响;在探索式创新的后期阶段,企业政治网络关系正向调节了突破性创新和新产品绩效之间的关系。Li 等(2014)对 159 家新创企业的研究发现,政治联系与企业的机会捕捉是正相关的,且组织学习起到了调节作用,政治联系与企业产品创新呈现倒 U 形关系。

之所以出现这些不一致的研究结论,一个原因可能是这些研究分析的企业样本并没有聚焦单一产业中的企业。刘鑫等(2016)是针对三个地区的 200 家高科技企业进行的,并没有区别样本企业的产业背景。Li 等(2014)对上市企业进行研究也存在类似问题。另一个原因是许多研究通过引入了一些中间机制来探索政治联系对创新行为的影响,并没有检验二者之间的直接作用。例如,Li 等(2014)引入机会捕捉作为政治联系与产品创新之间关系的中介变量,在考虑中间机制的情况下,政治联系与产品创新呈倒 U 形关系。

最后,制度支持在政治联系和创新之间中介作用机制的探索。比以往研究更加深入的是,在实证检验部分,本研究探索了制度支持是否在政治联系与两种创新之间起到中介作用。根据第五章表 5-3 中模型 1e 和模型 1d 的对比分析,我们发现在模型 1d 中单独分析政治联系对突破性创新的影响时,回归系数是正向显著的,而当将政治联系、制度支持和制度信任同时纳入模型 1e 中时,政治联系的回归系数变得不显著了。通过对文献进行深入分析,我们发现以往许多对政治联系进行研究的文献(Sheng 等,2011;Gao 等,2015;Shi 等,2013;Hillman 等,1999;Peng 等,2000;Li 等,2014)想当然地认为政治联系有助于企业获取制度支持,进而影响企业创新、绩效等。少量研究,如 Guo 等(2014)的实证分析确认制度支持在政治联系和企业绩效之间起到中介作用。基于已有文献的这些分析,本研究推断制度支持可能在政治联系和企业创新中起到中介作用。然而,当企业进行不同类型的创新时,政治联系是否同样地经由制度支持的中介才能起作用,仍然是存有疑问的。本研究在验证政治联系对突破性创新和渐进性创新的影响时对这一机制进行了深入探索。实证分析发现,制度支持在政治联系与突破性创新之间起到完全中介作用,而在政治联系与渐进性创新之间并有起到中介作用。

虽然,本研究并未在理论模型中详细分析制度支持可能在政治联系与创新中的中介作用机制,然而实证分析部分的研究结果启示我们需要进一步探索和验证这一中介作用机制,以更清晰地阐明制度因素在创新产生阶段的作用机制。这一深入的挖掘和探索是基于已有文献对假设 1—6 的重要补充,也是对原有的制度支持和政治联系研究的更深层次的挖掘。我们的研究结论启示,通过政治联系获取制度支持进而促进创新的逻辑,即制度支持在政治联系和创新之间起到中介作用的机制,只有在企业进行突破性创新的时候才成立,而企业进行渐进性创新时这一逻辑观点并不成立。这些研究结论对在中国转型经济市场环境下,企业如何利用政治联系推动不同类型的创新活动有一定启示。

综合分析,现有研究相对较少地对比分析政治联系对不同类型创新的影响机制。考虑到企业的创新战略可能同时包含不同的创新类型,仅仅关注政治联系对一种创新类型的影响难以为企业提供更全面的理论和实证指导。本研究以生物医药企业为研究样本,深入分析政治联系对渐进性创新和突破性创新的差异化影响,弥补了以往研究在这一方面的不足。

4.对假设 1—6 的综合分析

制度具有多面性、复杂性和变化性,既包括正式制度因素,又包括非正式制度因素,对比三个制度因素对突破性创新和渐进性创新之间的影响,本研究发现制度信任、制度支持、政治联系与突破性创新之间的正向关系都得到了实证支持;只有政治联系与渐进性创新之间的正向关系得到了实证支持,制度信任、制度支持与渐进性创新之间的关系在实证上不显著;进一步的实证探索发现,政治联系对突破性创新的影响必须通过制度支持的完全中介作用,而其对渐进性创新的影响是直接的,并没有通过制度支持的中介作用。

仔细分析这些研究结论,我们得到以下几点启示:

首先,制度环境的变化,驱使我们重新对比和分析企业对约束性正式制度的感知信任(制度信任)、正式资源性制度因素(制度支持)和非正式资源性制度因素(政治联系)三种不同的制度因素对企业创新战略的影响。制度信任反映了企业对外部约束性制度环境的主观认知,制度信任越高,企业越相信外部正式制度的完备性、执行性和稳定性越高。制度信任的提升与我国的法制化进程是相伴随的。从 20 世纪 90 年代开始,学者们分析中国的制度环境时,多强调中国制度环境的不完备性(Peng 等,1996;Peng 等,2000),以论述制度支持、政治联系等制度因素对企业战略行为的影响。但是,近年来,随着我国市场机制和法律法规组成的正式制度不断发展和改进,正式制度环境明显的变化是更加完善、执行性也不断加强、稳定性也得以提升。考虑到制度环境的这些变化,战略管理的学者们不能再以中国的正式制度不完善作为讨论和分析中国企业战略选择的前提假设背景了。不同企业对同样的外部正式制度环境的感知信任是不同的,而企业对外部正式制度环境的感知信任也是其选择不同创新模式时非常重要的影响因素。分析政治联系、制度支持对企业创新的影响时,有必要同时考虑制度信任是否与这两种资源性制度因素存在交互作用,以细化伴随外部正式制度环境的变化这两种资源性制度因素的作用机制出现了何种变化,使研究结论更加符合时代发展。因此,本研究将制度信任纳入研究框架,揭示了中国正式制度环境变化对企业在不同创新模式下进行战略选择的深层影响,以及制度信任如何与政治联系和制度支持交互作用影响两种创新行为。

其次,把三个因素同时纳入研究框架,考虑了不同类型的制度因素,充分体现了外部制度环境的复杂性。在理论上,本研究为制度基础观的核心观点:"制度因素可能直接决定企业的战略选择"提供了实证支持,弥补了以往创新管理研究中对制度因素考虑不全面的局限。在实践上,本研究启示企业管理者在制定企业创新战略时必须综合考虑三种制度因素的综合影响,也启示政府决策制定者在制定相关产业政策时,必须综合考虑不同制度因素的内在影响机制,才能够制定出有效推动企业创新和产业发展的制度支持政策。本研究的大部分研究结论与现有研究的结论一致,但由于本研究聚焦生物医药产业这一具体的产业情境,与一些文献的研究情境有所差异,可能导致本研究的一些研究结论与现有研究存在一定差异。

6.1.2　不同维度制度因素的交互对创新的影响

1.制度信任与制度支持的交互对创新的影响

假设 7 提出制度信任和制度支持的交互正向影响突破性创新,假设 8 提出制度信任和制度支持的交互正向影响渐进性创新,两个假设均得到了实证数据的支持,即制度信任和制度支持对创新的影响存在互补作用。

不同制度因素影响企业创新不是孤立的,相互之间可能存在交互作用。以往的研究认为制度支持可能通过杠杆作用提高企业内部研发投入、为创新活动提供资源和合法性(Shu 等,2014;Shu 等,2016;Sheng 等,2011),进而影响企业创新行为或者是创新结果。本研究认为制度支持产生有效作用离不开外部环境中法律、法规组成的起到约束作用制度系统的良好运行。除少数研究外(Gao 等,2015),以往研究对制度支持和约束性制度因素如何相互作用影响企业对不同创新模式的战略选择的探讨仍然相对不足。

制度信任反映了企业对外部起到约束性的正式法律法规的认知。约束性的法律、法规构成的正式制度环境对企业的战略行为起到了规制作用(North,1990)。运行恰当时,有效的法律系统能够抑制机会主义行为,促进知识产权的有效保护,使得交易双方能够顺利进行交易(North,1990)。根据这些观点,功能良好的法律系统能够保护企业自身的创新行为,防止竞争对手的恶意模仿和合作伙伴的机会主义行为。

然而,仅仅依靠规制性制度约束企业间的机会主义行为,难以有效推动企业创新。企业的创新,特别是生物医药产业的创新,需要企业投入长期的努力、大量的资金,又面临极高的失败风险。本研究认为政府提供的制度支持与企业对制度信任协同作用更能够激励企业的创新行为。制度信任证明外部制度环境能够为企业创新提供良好的保护,而制度支持则为企业创新过程中的大量资金投入提供了一定的支持,缓解了创新失败可能对企业造成的伤害。在本研究中,制度信任和制度支持互补能够显著促进突破性创新和渐进性创新,这一观点得到了实证支持,是对以往制度理论忽视不同制度因素之间可能存在交互作用的重要补充。

本研究对制度支持和制度信任交互作用正向影响突破性创新和渐进性创新的实证检验,与 Gao 等(2015)以中国制造业企业为研究样本的实证结论并不一致。Gao 等(2015)以区域制度发展水平作为代理变量测量正式制度环境的完善程度,研究发现区域制度发展水平对制度支持和突破性创新之间关系的调节作用不显著。而本研究的研究结论表明制度信任与制度支持的交互对突破性创新和渐进性创新的影响都是显著的。原因可能有两个方面,一方面,Gao 等(2015)聚焦制造业企业,而本研究聚焦生物医药产业。不同产业中正式法律制度和制度支持的相互作用对企业创新战略选择的影响存在很大差异。另一方面,对正式制度环境测量上的差异也可能是出现不一致结果的重要原因。本研究关注企业对外部正式法律、法规组成的制度环境的认知信任和制度支持的交互作用如何影响两种创新行为。而 Gao 等(2015)则采用区域制度发展指数(IDL),且他们将全国不同省份根据 IDL 高低划分成高中低三个组。Gao 等(2015)的研究中,同一区域不同企业的 IDL 是相同的。然而,企业创新战略选择是基于自身对外部正式制度环境和非正式制度环境的认知和评估的。相对而言,Gao 等(2015)采用 IDL 作为外部正式制度环境的代理变量比较粗糙,忽视了不同企业对外部制度环境的不同认知的影响。此外,本研究不仅分析了制度信任和制度支持的交互对突破性创新的影响,也分析了这一交互作用对渐进性创新的影响,相对而言,本研究的分析更加全面,聚焦单一行业也能够为企业管理者提供针对性更强的理论建议。

本研究的研究结论启示,政府决策制定者,在构建良好制度环境、提高企业制度信任的同时,辅以适当的制度支持能够更有效地促进企业突破性创新和渐进性创新,有利于加快产业结构转型和升级的步伐。对企业管理者而言,创新过程中需要深入思考制度信任和制度支持两种制度因素可能存在的互补作用,在评估外部正式制度环境是否可信的基础上,尽量争取更多的制度支持,有利于企业应对创新风险、加快创新步伐。

2.制度信任和政治联系的交互对创新的影响

假设 9 提出制度信任和政治联系对突破性创新有负向影响,假设 10 提出制度信任和政治联系的交互负向影响渐进性创新,两个假设均得到了实证支持,证明制度信任和政治联系在影响企业创新时存在替代作用。这些研究结论,进一步深化了我们对制度信任和政治联系影响企业创新行为的认识。

本研究的这些研究结论与以往的一些理论分析是一致的。North(1990)指出,制度的基本功能是支持有效的市场机制,当正式制度运行失败的时候,非正式治理机制,如政治联系,就有机会替代正式制度。Nee(1992)认为随着中国建立起更好的法律和规制系统,政治联系的价值会降低。Tan 等(2010)认为随着时间的推移,在中国商业社会中,个人关系逐渐被制度信任所替代。Peng(2003)认为随着经济的转型,市场制度和法律制度越来越完善,正式制度能够提供保护企业交易和创新行为有效的制度结构,这时保持较高程度的政治联系的成本会超越政治联系带来的利益,企业会转向以规则为基础的、非人际的、市场为基础的交易规则,而政治联系的重要性会下降。以上研究从理论上论述了完善的正式制度环境和政治联系之间可能存在替代作用。

本研究的研究结论也与以往研究的一些实证证据相一致。一些学者使用二手数据构建代理变量反映制度环境的质量,进而分析制度环境与政治联系的交互作用对企业创新行为的影响。Zhang 等(2015)对 1500 家中国企业的研究发现,当企业追求制度不确定性较高的探索性创新时,花费时间经营政治联系能提高企业绩效;当企业进行制度不确定性相对较低的利用性创新时,企业花费时间经营和培养政治联系会导致管理者注意力的涣散,对绩效产生负面影响。王永健等(2015)对 206 家企业的研究发现,法制环境负向调节政治联系与创新绩效和财务绩效的关系。Arnoldi 等(2015)的研究发现,GDP 发展水平和市场化程度是影响政治联系和绩效之间关系的重要权变因素。

尽管存在以上一致性,然而以上研究都使用二手数据构建代理变量的方法间接测量正式制度环境的发展程度,并不能充分反映企业对正式制度环境的差异化认知。而本研究将制度信任纳入研究模型,有利于准确检验企业差异化的制度信任和政治联系两种不同因素影响企业创新时是存在相互加强的作用还是相互减弱的作用。

制度信任和政治联系的交互作用负向影响突破性创新和渐进性创新的实证结果说明,随着当前我国法制化进程不断发展、经济市场化程度不断提高,政治联系对企业的积极作用正在削弱。原因在于,一方面,法律环境的完善性的提高,能够使企业通过正式的渠道获得政府资源,替代了企业对政治联系这一非正式治理机制的依赖。另一方面,在全球互联互通的背景下,只要企业的创新项目本身比较有价值,企业有更多的渠道获得资金,而不用过度依赖政治联系。Shi 等(2013)指出政治联系仍然在未来很长一段时间对企业战略行为产生极其重要的影响。结合本研究结论和 Shi 等(2013)的发现,我们认为企业管理者应当认识到政治联系的作用并没有完全消失,只是原来文献中强调政治联系可能为企业提供更多政府管制资源的作用减弱,企业仍然可以利用政治联系获取制度规制、产业发展规划方面的信息。

6.1.3 创新对新产品绩效的影响检验

假设 11 提出突破性创新正向影响企业新产品绩效,假设 12 提出渐进性创新与新产品绩效呈 U 形关系。两个假设均获得了实证支持,突破了以往创新管理研究中分析创新与绩效关系时局限于线性关系的固有思维,能够更准确反映医药产业中不同创新与绩效关系的实际情况。

第一,研究结果表明突破性创新的增加能够提高企业新产品绩效,这与以往的许多研究结果一致。Zhou 等（2005）将突破性创新划分为技术为基础的创新和市场为基础的创新，并且实证研究发现两种突破性创新都与企业绩效和产品绩效正相关。

第二，渐进性创新与新产品绩效的 U 形关系，表明较低水平的渐进性创新难以使企业新产品绩效的提高；只有高水平渐进性创新，即对现有产品和技术进行显著的、较大程度的改进才能够促进新产品绩效的提高。对比分析突破性创新和渐进性创新对新产品绩效影响，以往研究中也有与本研究结果类似的结论。Wuyts 等（2004）的研究发现，突破性创新和渐进性创新都能够增强企业的利润率，且突破性创新比渐进性创新对企业利润的促进作用更强。因而，一般的信念是突破性创新会给企业带来更强的利润。

第三，对渐进性创新和新产品绩效之间 U 形关系的论述，突破了以往文献从线性思维的角度分析渐进性创新对绩效影响的固有思维，在实践上有助于更好理解不同创新模式对新产品绩效的差异化影响。

与突破性创新相比，渐进性创新具有许多不同特点：面临的市场不确定性相对较低，对顾客学习的需求相对较低，可以使得企业更强地利用现有资源和能力；渐进性创新可能涉及的社会、绩效相关的风险也相对较低；渐进性创新产品的成功依赖企业的品牌特点、较强的广告推广活动和其他的营销能力；使用企业现存的资源和能力可以比较容易地支持渐进性创新产品的营销。考虑到这些特点，许多研究多从正向线性关系的角度分析渐进性创新对新产品绩效的影响。一些学者甚至认为"大量的经济利益来源于渐进性创新和改进活动"（Fagerberg，2005）。Chang 等（2014）分析发现，渐进性创新对新产品绩效有直接的正向影响，突破性创新也能够正向影响企业新产品绩效，但是突破性创新比渐进性创新对新产品绩效的直接促进效果更大。Menguc 等（2014）基于加拿大高科技企业的实证结果表明突破性创新和渐进性创新对新产品绩效都有显著正向影响。李先江（2012）以湖北省 201 家服务企业为样本进行实证研究发现，渐进式低碳创新对组织短期绩效有显著正向影响，而对组织长期绩效的正向影响并不显著。张婧等（2011）对我国 220 家制造型出口企业实证研究发现，突破性创新和渐进性创新都对新产品绩效有显著的正向影响。

第四，本研究的研究结论也充分反映了我国医药产业面临的实际创新问题。一方面，长期以来我国医药产业的创新主要围绕仿制药展开，聚焦对国外专利过期药品的仿制。过度注重仿制药导致同一个仿制药品可能由多家企业同时开发，也造成我国医药产业低水平重复建设问题非常严重，企业间的低水平渐进性创新产品竞争非常激烈。另一方面，我国医药产业创新性药品特别是突破性创新药品相对不足，难以满足市场对创新药品的强烈需求。这意味着突破性创新产品面临更强烈的市场需求，一旦突破性创新的药品上市能够对新产品绩效产生正向线性影响；而低水平渐进性创新产品,则面临激烈的同质化产品的竞争,难以带来新产品绩效的提升;但是对现有产品较大幅度改进的渐进性创新产品,由于其在疗效、质量等各方面的极大改进,也能够摆脱低水平激烈竞争的限制,获得较高的新产品绩效。比较典型的是天津天士力药业集团的案例,天津天士力药业集团是对传统的中医药进行改进的重要先驱型企业。通过高水平渐进性创新,天士力开发了复方丹参滴丸、藿香正气滴丸、穿心莲内酯滴丸、注射用益气复脉等产品,成为企业重要的利润来源,也推动了企业新产品占据更大的市场份额。

本研究的研究结果启示企业管理者,随着医药产业结构转型升级、政府对突破性创新药品的大力扶持和市场需求结构的调整,突破性创新能够为持续提高新产品绩效提供更大动力;而低水平渐进性创新不但不能助力企业新产品绩效的提高,反而会危害企业新产品绩效,只有高水平渐进性创新,即对现有产品进行较大幅度的疗效提升、工艺改进才能提高企业新产品绩效。两种不同创新类型对新产品绩效的差异化影响,深刻体现了医药产业结构转型升级的特点,警示企业管理者不要幻想通过简单的低水平渐进性创新就可以获得更大利润,也激励企业切切实实在突破性创新和高水平渐进性创新上着力。

6.1.4　制度资本在创新获利阶段的调节作用

1.制度信任的调节作用检验

假设13和假设14都得到了实证证据的支持,证明制度信任越高,突破性创新对新产品绩效的促进作用越强,渐进性创新与新产品绩效的U形关系也越强,即制度信任正向调节了两种创新与新产品绩效之间的关系。

制度信任能够增强突破性创新对新产品绩效的促进作用得到实证支持,表明制度信任在确保企业获取突破性创新利益方面具有不可替代的保障作用。完备、稳定和执行力较强的法律、法规能够有效限制竞争对手的恶意模仿,保证企业突破性创新产品在市场上的独特性,也降低了制度不确定性对突破性创新产品审批、上市造成的制度不确定性。因此,企业对外部正式制度的信任度越高,越有可能对突破性创新带来更多利润形成积极期望,也越有可能对突破性创新的渠道建设和商业化战略投入更多的资源。良好的制度环境保障和充足的营销资源投入,使得突破性创新对新产品绩效的促进作用更强。

此外,制度信任也进一步增强了渐进性创新和新产品绩效之间的U形关系。原因在于我国的正式法律法规鼓励企业提高产品质量、改进生产工艺的渐进性创新,而那些低水平改进的渐进性创新可能进一步加剧医药产业的重复建设问题,并不在法律、法规制度支持政策鼓励的范围内。因而,政府机构对相关正式制度的执行越严

135

格,那些微弱渐进性创新获得审批通过的可能性越低;制度信任越高,低水平渐进性创新获得通过的可能性越低。那些能够对现有产品和工艺进行改进的高水平渐进性创新药品,也是符合正式的法律法规的规制条件的,相对较容易获得食品药品监督管理机构的审批通过。因而,制度信任越高,高水平渐进性创新对新产品绩效的促进作用越强,低水平渐进性创新对新产品绩效的负向影响也越强。

2.制度支持的调节作用检验

假设 15 和假设 16 均未得到实证支持,表明突破性创新和渐进性创新与新产品绩效的关系没有受到制度支持的调节。

在假设部分,我们认为制度支持为企业突破形成创新产品和高水平渐进性创新产品的营销活动提供更多的资源,提高这些创新产品的制度合法性,获得直接的支持性商业化政策。而实证证据并没有支持假设 15,表明在生物医药产业中,制度支持在创新产生阶段能促进企业的创新行为的,特别是突破性创新行为,而在创新获利阶段,制度支持的存在并不能显著增强企业从创新行为中获取创新利益,提高企业新产品绩效的程度。Shu 等(2014)的研究结果为解释这一结论提供了启示。他们发现制度支持调节了企业的专利动机、专利行为和产品创新之间的关系,即制度支持在创新产生阶段起作用。而在创新获利阶段,制度支持仅仅在创新产品的商业化获取利润的过程中起到了一定的锦上添花的作用,并不能显著改变创新与绩效的关系。

3.政治联系的调节作用

假设 17 和假设 18 均未得到实证支持,表明政治联系作为一种非正式资源性制度因素,在创新获利阶段并没有增强或者是减弱两种创新模式与新产品绩效之间的关系。

本研究的实证结论与一些研究是不一致的。刘鑫等(2016)的研究发现,企业政治网络关系正向调节了突破性创新与企业绩效之间的关系。Zhang 等(2015)的研究发现,投入时间构建政治联系正向调节突破性创新和新产品绩效的关系,负向调节渐进性创新与新产品绩效的关系。Li 等(2001)的研究证实,政治联系正向调节了企业产品创新战略和新产品绩效之间的关系。

本研究的研究结果表明,政治联系可能在帮助企业应对制度不确定性、提高制度合法性、帮助企业构建与顾客的合作关系方面起到一定程度的促进作用,但是这种促进作用并不能显著增强或减弱突破性创新和渐进性创新对新产品绩效的影响。一方面,出现这种不一致的研究结果可能与中国制度改革的发展阶段相关。Li 等(2001)的研究样本是处于 20 世纪 90 年代的中国企业,当时的中国正式制度环境仍然处于极度不完善的状态,政治联系替代不完善的制度环境确保企业获取创新利益可能是非常显著的。Zhang 等(2015)的研究样本取自 2003 年世界银行对中国企业的竞争力、技术和企业创业的调研。而本研究的研究样本调研时间是 2014 年 7 月至 2015 年 1 月,相对而言是比较新近的数据,调研结果充分反映了中国制度改革的不断推进可能降低了政治联系在保障企业获取创新利益中的关键性作用。另一方面,这种不一致的研究结果的出现,与研究样本的行业属性可能是相关的。Li 等(2001)和 Zhang 等(2015)的研究都只考虑了制造业企业,并没有区分不同行业制度支持在企业创新获利阶段影响的差异性,而本研究聚焦生物医药企业这单一行业。由于行业差异性的存在,可能在某些行业中政治联系对创新行为与新产品绩效之间关系的调节作用是显著的,而在另一些行业政治联系对创新行为与新产品绩效之间关系的调节作用则不显著。

对比假设 13、假设 14、假设 15、假设 16、假设 17、假设 18 的实证结果,三种制度因素在创新获利阶段的调节作用机制的验证,表明不同制度因素在创新获利阶段的有效性是不同的,只有制度信任起到了显著调节作用,而政治联系和制度支持者两个资源性制度因素并没有起到显著调节作用。

仔细对比三种制度因素在创新获利阶段调节作用的差异,我们发现:①企业自身对外部良好的规制性法律、法规组成的制度环境的信任度更能保障企业获取创新利益。②而制度支持这一正式的资源性制度因素,作为政府机构对企业创新活动的额外激励因素,在创新行为和产品转化为新产品绩效的过程中,在一定程度上起到了锦上添花的作用,但是这种作用相对较小且并不能显著改变创新自身与新产品绩效之间的关系。③政治联系这一非正式资源性制度因素在创新获利阶段可能在引导企业新产品快速审批、上市、提高政治合法性上有一定促进作用,但是这些促进作用也相对比较弱,并没有达到统计显著水平。这表明企业想要通过政治联系增强创新对新产品绩效的影响是很难实现的。

在实践上,这些研究结论对政府决策制定者和企业管理者有一定启示。对政府决策制定者而言,只有构建良好的制度环境,提高企业制度信任,才能保障企业从突破性创新和高水平渐进性创新中获取创新利益,提高新产品绩效,也能够抑制企业的低水平渐进性创新;政府机构应尽量减少制度支持和政治联系两种资源性制度因素对企业创新获利的干扰,因为这两种制度因素在创新获利阶段难以起到有效促进作用。对企业管理者而言,如果想要依靠创新提高新产品绩效,需要制定有效的制度战略,一方面,利用外部正式制度环境,降低新产品商业过程中的制度不确定性;另一方面,可以投入更多的资源进行营销活动。同时,尽量降低对制度支持和政治联系的依赖,因为这两种资源性制度因素在企业获取创新利益的过程中仅仅起到了锦上添花的作用,而并不能显著增强企业从两种创新类型中获取创新利益的能力。

第二节　主要研究结论

本研究在中国制度转型、产业结构升级的背景下,构建了"制度因素—创新行为—创新结果"的理论模型,以检验制度信任、制度支持和政治联系三种制度因素影响企业创新的深层机制。在整合制度基础观和创新管理研究的基础上,本研究提出制度具有多面性,既是企业可以利用的资源,也是企业面临的环境,制度因素可直接影响创新,也可以通过交互作用影响创新行为,同时也是企业获取创新利益的情境因素。其中,制度信任代表了企业对外部约束性正式制度的感知信任,制度支持和政治联系分别代表了正式和非正式资源性制度因素。基于 165 家医药企业的调研数据实证检验结果表明:

(1)在创新产生阶段,制度信任正向影响突破性创新,对渐进性创新影响不显著;制度支持对突破性创新有显著促进作用,对渐进性创新影响不显著;政治联系对突破性创新和渐进性创新都有促进作用,进一步的探索性分析发现,其对突破性创新的影响必须以制度支持为中介,而其对渐进性创新的影响不需要以制度支持为中介。

(2)在创新产生阶段,制度信任与制度支持的交互正向影响突破性创新和渐进性创新,制度信任和政治联系的交互负向影响突破性创新和渐进性创新。这些研究结论说明,随着外部正式制度不断发展和完善,企业制度信任上升,制度支持这一正式资源性制度因素能够起到补充作用,会更强地促进企业创新活动;而政治联系这一非正式资源性制度因素则起到替代作用,会降低企业进行创新活动的积极性。

(3)在创新获利阶段,突破性创新与新产品绩效虽呈正向线性关系,渐进性创新与新产品绩效呈 U 形关系。这一研究结论表明,对医药企业而言,突破性创新行为能够持续提高企业新产品绩效,保证企业在市场中获取和保持竞争优势;在改进幅度比较低的情况下,渐进性创新会负向影响企业新产品绩效;只有改进幅度比较大的情况下,渐进性创新才能提高企业的新产品绩效。研究结论启示,企业要尽量减少低水平渐进性创新,而应将新产品开发重点放在突破性创新和高水平渐进性创新上。

(4)在创新获利阶段,制度信任能够增强突破性创新与新产品绩效之间的正向线性关系,也能够增强渐进性创新与新产品绩效之间的 U 形关系;制度支持和政治联系对两种创新与新产品绩效之间关系的调节作用不显著。这表明并非所有制度因素都能保障企业占有创新价值。研究结论说明,企业对外部良好的制度环境的感知信任(制度信任)起到了放大两种创新对新产品绩效影响的作用;获得制度支持仅仅对企业从创新产品中获取利益、提高新产品绩效起到锦上添花的作用,并没有起到显著增强作用;政治联系可能有助于企业创新产品的商品化,但是这种调节作用并不显著。

研究结论启示企业管理者要想获取更多创新利益不能过度依赖政治联系和制度支持这些资源性制度因素。

第三节 研究的理论意义

6.3.1 对创新管理研究的拓展

第一,本研究在整合创新管理理论和制度基础观、制度信任相关研究的基础上,提出了一个全新的框架去解释三种不同制度因素对突破性创新和渐进性创新的影响机制,弥补了以往研究对制度环境因素重视不足和分析不全面的局限。以往的创新管理研究更侧重从资源基础理论、能力理论、知识转移、吸收能力等与资源、技术和知识相关的角度探索影响创新的机制,对制度环境因素的重视较为缺乏。

第二,本研究响应了 Zhou 等(2017)的呼吁。Zhou 等(2017)指出,未来研究需要考虑不同类型的制度因素(国家所有制类型、政治联系等)和多种来源的技术如何影响企业创新结果。本研究发现制度信任增强了突破性创新与新产品绩效之间的正向线性关系,也增强了渐进性创新与新产品绩效之间的 U 形关系,但是制度支持和政治联系对突破性创新和渐进性创新与新产品绩效之间关系的调节作用并不显著。

第三,在中国产业结构转型的大背景下,鼓励企业创新已成为制度建设的主旋律,研究制度信任、制度支持和政治联系在创新获利阶段的调节作用丰富了企业获取创新利益的重要边界条件,为进一步的制度改革提供了理论基础。

6.3.2 对制度理论的拓展

第一,通过探究制度信任、政治联系和制度知识三种不同制度因素在企业创新产生阶段和创新获利阶段的深层作用机制,本研究为 Peng(2003)提出的制度基础观的核心观点:"制度因素可能决定了企业战略选择,而非仅仅是背景因素"提供了基于中国情境的实证证据,扩展了制度基础观的应用范畴。

第二,本研究将制度信任(对外部约束性正式制度的感知信任)、制度支持(正式资源性制度因素)和政治联系(非正式资源性制度因素)同时纳入理论模型,既考虑了 North(1990)提出的正式制度因素和非正式制度因素的分类,也考虑了企业对外部正式制度环境认知信任的重要作用,在宽度上对制度基础观进行了一定拓展。一方面,以往基于制度基础观的研究多考虑一种或者是两种制度因素如何影响企业战略行为。Khoury 等(2010)着重分析知识产权制度改革如何影响 FDI 流入。Meyer 等(2009)着重分析了市场支持制度如何影响外国投资者进入新兴经济体的战略。

Hemmert 等(2016)研究了制度力量如何与企业实践相互作用促进供应商对韩国制造业企业的信任。Zhou 等(2010)研究了企业管理者感知到的制度系统有效性如何影响企业对关系治理和契约治理的选择。Zhou 等(2017)基于制度基础观,分析了国家所有制类型如何影响企业的 R&D 投入和研发资源的使用效率,同时分析了制度发展水平可能对国家所有制与 R&D 投入之间关系的了解作用。系统梳理现有文献,本研究发现相对较少的研究同时分析多种制度因素如何影响企业战略行为。而本研究则通过将三种制度因素同时纳入研究框架弥补了现有研究的这一局限,扩展了制度基础观研究中制度因素的分析范畴。另一方面,通过将制度信任纳入研究框架,本研究在外部正式制度环境和企业内部创新战略决策间构建了链接的桥梁。通过研究企业对外部正式制度环境的感知信任在创新产生和创新获利阶段的重要作用,弥补了现有制度理论研究忽视企业自身认知的局限。以往制度理论分析中对规制性制度因素如何影响企业行为有所涉及。一些学者从 GDP 发展水平(Gao 等,2015)、专业市场化改革(Dau,2012)、知识产权改革(Khoury 等,2010)等方面来测量制度环境这一发展水平。然而,这些代理变量仅仅反映了某一方面的制度,难以反映企业对外部制度环境的整体认知。重视企业对制度环境的认知是非常重要的,因为企业创新计划的制订和执行都建立在企业自身对外部环境的解读、内部资源和能力的评估、企业未来发展目标上。

第三,本研究不但充分分析了三种制度因素对企业创新的直接作用机制,而且深入分析了更深层次的中介作用机制、交互作用机制和调节作用机制,在深度上对制度基础观有一定拓展。一方面,一些学者从理论上指出随着制度环境的不断完善,企业对非正式的个人关系的依赖程度会大幅度降低(Peng 2009)。然而,这些观点多停留在理论论述阶段,缺乏实证检验。本研究的实证结论揭示制度信任和政治联系的交互负向影响突破和渐进两种创新活动,即二者存在替代关系,是对这一观点的有力支持。另一方面,制度支持有效发挥作用是否需要良好的外部法律、法规的辅助,也是一个重要研究问题。本研究的实证结果表明,制度信任和制度支持的交互作用正向影响突破性创新和渐进性创新。这一研究结论揭示,在外部法律、法规组成的正式制度环境良好的情况下,企业制度信任较高,这时获得制度支持更有助于企业进行突破性创新和渐进性创新,即制度信任和制度支持在影响企业创新时存在互补作用。

第四,许多研究在论述政治联系对企业绩效、产品创新、组织学习等的影响时,理所当然地假定政治联系有助于企业获取政府提供的各种制度支持(Sheng 等,2011;Gao 等,2015;Shi 等,2013),这些分析暗示制度支持可能在政治联系与因变量之间的关系中起到中介作用。然而,多数学者们没有具体验证制度支持是否在政治联系与这些战略行为和结果之间确实起到了中介作用。本研究在实证分析阶段的探索性分析揭示了,制度支持在政治联系和突破性创新之间起到了完全中介作用,而在政治联系和渐进性创新之间并没有起到中介作用,弥补了以往研究没有清晰验证政治联系、制度支持和创新之间关系的局限,研究结论更加细致,也是对制度因素影响企业战略机制的更深层次的探索性挖掘。

第五,我们的研究还揭示了在创新获利阶段,制度信任正向调节突破性创新和渐进性创新对新产品绩效的影响,而制度支持和政治联系的调节作用并不显著。这表明不同制度环境对企业创新价值获取的作用是不同的,对良好的约束性外部正式制度环境的感知信任(制度信任)比资源性制度因素(制度支持和政治联系)更能保障企业占有创新价值。

6.3.3 对制度信任研究的拓展

第一,本研究将制度信任纳入创新战略和绩效的理论框架中,突出了制度信任在企业创新活动中起到的多重作用,拓展了制度信任研究的应用范畴。一方面,本研究通过研究企业对制度环境的感知信任如何影响企业对突破性创新和渐进性创新的战略选择,如何调节企业的两种创新与新产品绩效的关系,将制度信任拓展到了企业的层面。制度首先要具有可信性,以使得他们能够创造一种"信任氛围"(Six,2014),进而影响企业创新行为和创新绩效的提高。现有制度信任的研究,在宏观方面主要聚焦国家商务系统,研究制度信任对整体产业发展的影响;在微观层面重点研究电子商务情境下制度信任如何影响企业或个人的购买行为。本研究的研究也呼应了 Bachmann 等(2011)的观点,他们认为"信任分析最重要的问题是将信任与商业关系嵌入的制度环境联系起来进行研究和分析"。另一方面,本研究以中国医药企业为研究背景拓展了制度信任的研究情境。大部分研究,如 Zucker(1986)、Bachman 等(2011)和 Hagen 等(1998)都以发达国家为研究背景。他们分析的逻辑基础和研究结论对我们进一步在中国情境下展开制度信任研究有一定启示,但并不完全适用于中国的制度变革、经济发展情境。本研究则为制度信任研究提供了基于中国企业的实证证据。

第二,本研究重新界定了制度信任的维度,弥补了先前的制度信任研究对中观企业层面战略影响机制探索不足的局限。本研究将制度信任维度划分为制度完备性信任、制度执行性信任、制度稳定性信任。这一维度划分方法突破了 McKnight 等(1998)的制度信任二分维度划分法,更加符合中国企业的实际认知结构。现有制度信任对中观的企业层面的制度信任如何影响战略的研究仍然相对比较缺乏。本研究提出的新的制度信任维度划分方法为从企业层面探究制度信任的作用机制奠定了基础。

第三,本研究具体分析和解释了制度信任影响创新活动和企业从创新中获利的

内在机制,启示制度信任在创新过程中具有多重作用机制。本研究的研究结果揭示:
①在创新产生阶段,制度信任这一企业对外部正式制度的感知信任不但能够直接促进突破性创新活动,还与制度支持交互起到互补作用进而促进企业的突破性创新和渐进性创新,也与政治联系交互在促进突破性创新和渐进性创新的过程中起到替代作用;②在创新获利阶段,制度信任也能增强突破性创新和渐进性创新与新产品绩效之间的关系。

6.3.4 对制度理论、创新管理研究和制度信任研究整合的意义

本研究通过提出"制度因素—创新行为—创新结果"的理论模型,在企业创新的整体框架下,对制度基础观、创新管理研究和制度信任研究进行了有效整合。三个理论的有效整合为全面探究多种制度因素影响企业创新的深层机制提供了条件。

首先,制度信任的提出,探索了其对企业创新战略行为和新产品绩效的影响机制,弥补了早期制度理论、Oliver 的(1991)的制度反映框架和制度基础观(Peng,2003)忽视企业对制度环境认知的局限。在理论框架中引入制度信任这一核心概念,在制度环境和企业战略行为之间构建了链接的桥梁,有助于解释企业面对复杂外部制度环境时如何选择不同创新模式的问题,扩展了制度基础观实证分析中的制度因素范畴,促进了制度基础观和制度信任研究的整合。

其次,本研究将企业对外部正式制度环境的感知信任(制度信任)、正式资源性制度因素(制度支持)和非正式资源性制度因素(政治联系)三种不同的制度因素纳入同一研究框架,弥补了以往文献对制度因素考虑不全的局限。通过探索三种制度因素对企业创新的深层影响机制,整合了创新管理研究和制度基础观。以往创新管理研究文献中也有学者探讨制度因素(如制度支持、政治联系、政治合法性、专业市场化水平等)对企业创新行为或者是创新绩效的影响,但是这些研究多关注一种或者是两种制度因素,并没有全面考虑不同的制度组成。与以往研究相比,本研究较全面地考虑了不同的制度组成对企业创新的影响。

最后,新兴经济体国家的快速成长和发展,使得探究制度因素对创新战略的影响引起了越来越多学者、政府机构和企业管理者的兴趣,然而现有文献并没有提供全面的解释框架。本研究聚焦我国生物医药产业,论述和检验理论模型,一方面,本研究提供了解释多重制度因素与企业创新之间关系的独特见解,为制度理论和创新管理研究的整合提供了中国视角;另一方面,为验证我国制度改革和经济转型过程中,法制化进程(即更多地依赖客观的约束性制度因素)是否能够促进企业创新提供了理论解释和实证检验。

第四节 研究的实践意义

制度转型和经济结构调整的背景下,企业管理者和政府决策制定者都迫切需要理解多种制度因素如何影响企业创新。本研究以中国生物医药企业为研究样本,深入剖析制度信任、制度支持、政治联系三种不同制度因素在创新产生阶段和创新获利阶段的作用机制,为回答制度因素如何影响创新提供了答案,研究结论对企业管理者更有效地利用制度因素选择不同创新模式,获取更多创新利益提供一定启示;研究结论也对政府决策制定者进一步推动制度改革,构建有利于企业创新的制度环境有一定启示。

6.4.1 对企业管理者的启示

本研究深入探讨了三种不同制度因素对企业创新行为和创新结果的影响机制,能够帮助企业管理者理解制度环境,制定创新战略,获取并保持竞争优势。

(1)在创新产生阶段,企业制定创新战略必须综合分析多种制度因素。首先,企业应该坚定创新的信心,特别是创新程度较高的突破性创新的信心。外部正式制度环境的不断完备能够为企业创新提供稳定、执行力强和完备的制度环境。稳定、完备和执行性较高的外部制度环境,有利于提高企业进行突破性创新的积极性,但是对企业改进现有产品、技术和市场的促进作用则并不明显。

其次,医药企业在推动创新的过程中,特别是开展风险性较高、资源需求更大、研发周期更长的突破性创新过程中,需要积极争取政府机构提供的制度支持。制度支持越高,企业进行突破性创新的积极性越高,而制度支持对渐进性创新的影响并不显著。制度支持作为一种重要的资源性制度因素,在企业进行突破性创新过程中起到重要的资源缓冲作用;在以对现有产品、技术和市场进行改进为主的渐进性创新活动中,制度支持这一资源性制度因素可能起到一定促进作用,但是这一促进作用并不显著。政府鼓励以突破性创新为主的更多创新药品的开发和上市,不但为其提供更多直接资助,还创造良好支持性政策环境。综合而言,政府机构为推动企业进行突破性创新而提供了较强的制度支持政策倾斜,如从 2008 年开始启动的重大新药创制计划。本研究的实证结果表明这种制度支持确实对企业进行突破性创新有显著促进作用,为政府的决策制定提供了实证支撑。

最后,企业管理者在进行创新的过程中还要综合考虑认知性制度因素(制度信任)和资源性制度因素(制度支持和政治联系)的协同作用机制。一方面,在享受政府提供的良好的约束性制度环境的同时(即企业拥有较高制度信任的情况下),企业

143

应该尽量争取更多的企业制度支持,以充分利用政府提供的研发资助、创新扶持政策等加速推进企业创新活动,因为制度信任和制度支持的协同作用比单一因素对突破性创新和渐进性创新的促进作用更大。另一方面,本研究的研究结论也启示企业管理者,政治联系并不总是能够促进企业的创新活动,也不是企业成功和成长的万灵药,也可能变成企业创新的枷锁。在较高制度信任的环境下,过度重视政治联系会对两种创新都产生负面作用。因此,企业管理者必须清醒地认识到,随着制度环境的不断完善,必须放弃以往过度依靠政治联系获取资源推动企业创新的战略,降低对政治联系的依赖性。企业管理者如果想要推动突破性创新活动的进行,企业应尽量利用政治联系多获取制度支持这一正式制度资源,因为政治联系只能通过制度支持的完全中介作用才能促进企业的突破性创新活动;在推动渐进性创新的过程中,企业应利用政治联系加强外部知识和信息的获取,而非对制度支持的获取,因为制度支持并未在政治联系与渐进性创新之间起到显著的中介作用。

(2)在创新获利阶段,为了获得更好的新产品绩效,企业应在突破性创新活动中投入更多的资源和力度,因为突破性创新能够正向影响新产品绩效,企业的新产品突破性创新水平越高,其在市场上的竞争优势越强,越有助于企业提高顾客满意度、提高销售额;而对渐进性创新,企业必须切实提高对现有产品的改进幅度,只有对现有产品做出更有效的改进,如显著提高现有医药产品的疗效、生产工艺等,才能够确保企业提高新产品绩效。低水平渐进性创新活动也会消耗企业一定的资源投入,却难以带来更多的创新利益,也容易面临更强的市场竞争。这一研究结果警示医药企业尽量减少对现有产品的小幅度改进和重复建设问题,因为本研究的研究结论揭示那些对现有产品进行微弱改进的战略是不可取的,难以有效提高新产品绩效。

并非所有制度因素都在企业获取创新价值过程中起到显著作用,企业需要利用不同制度因素获取更多创新价值。一方面,研究发现在创新获利阶段,制度信任能够加强突破和渐进这两种创新活动对新产品绩效的影响,这启示企业管理者应更多依赖正式制度环境保护企业创新成果,从而提高创新利益的获取。另一方面,制度支持在创新产生阶段并不能有效促进企业从创新中获取创新价值,这启示企业管理者,制度支持资源应更多地投入到创新产生阶段,减少制度支持在创新获利阶段的应用。此外,政治联系在企业创新获利阶段的调节作用也不显著,进一步警示企业管理者不能过度依赖政治联系提高创新活动对绩效的影响。

总体而言,企业管理者应更好地整合利用不同制度环境,推动企业创新行为,依靠突破性创新和高水平的渐进性创新更有效地获取创新利益,推动企业成长和发展。

6.4.2 对政策制定者的启示

中国的政策制定者们长期以来都致力于提高医药企业的创新能力,从而为公众提供更多低成本、高质量的药品。本研究的研究成果政府决策制定者有以下几点实践启示。

首先，这些研究结果表明，良好的外部制度环境是推动企业创新的基础，政府机构应在完善法律、法规、加强制度执行和确保制度稳定上着力，以提高企业的制度信任水平。制度信任反映了企业对外部正式制度环境的感知信任程度，在创新产生阶段不仅直接起到激励突破性创新的作用，还能够与制度支持互补，对渐进性创新和突破性创新都有促进作用；在创新获利阶段，制度信任则是保障企业通过突破性创新和渐进性创新提高企业绩效的重要权变因素。制度信任的提高有利于企业在突破性创新上加大投入，也有利于提高制度支持以政策的有效性，这与我国政府促进生物医药产业中突破性创新产品，降低重复性、低创新性的仿制药开发的目标相一致。

其次，完善法律、法规组成的约束性制度环境的同时，还要匹配适度的制度支持政策。研究发现，在创新产生阶段，制度信任和制度支持的交互对突破性创新和渐进性创新都有显著促进作用，即二者在促进两种创新的过程中起到了互补的作用，且制度支持能够在政治联系与突破性创新之间的关系上起到中介作用。这表明制度支持一方面能够与政治信任起到互补作用，另一方面，能够更多地将企业政治联系引导到突破性创新活动中。一些医药产业的业内人士坦言"过去很长一段时间，我们国家的产业政策对创新药品的鼓励和保护不够，企业的研发投入动力不足。相比较而言，部分发达国家这方面产业政策非常清晰，对创新药的鼓励非常到位"[①]。但是在创新获利阶段，制度支持仅仅起到了锦上添花的作用，并没有显著调节突破性创新和渐进性创新与新产品绩效之间的关系。因此，制定清晰的制度支持政策，对推动企业创新和产业结构转型升级有重要作用。研究结论启示制度支持的制定和执行应更着重体现在创新产生阶段的研发资助和政策引导，尽量减少在创新获利阶段的制度支持投入。

最后，我们的研究启示，随着外部正式法律、法规的不断完善，政府机构应该减少通过政治联系对企业创新活动的干预，突出企业的创新的主体地位，更多通过正式的法律法规、政策程序为企业的创新提供服务和保障。长期以来，许多学者对政治联系这一非正式制度因素对企业战略的影响进行了广泛的探讨，然而本研究的研究发现政治联系自身对渐进性创新有显著促进作用，对突破性创新的促进作用受到制度支持的影响，而制度信任和政治联系的交互负向影响突破性创新和渐进性创新。这表明政治联系并非总是促进企业创新的，随着外部正式制度环境的不断完善，企业制度信任得到提高，政治联系反而可能会阻碍企业创新行为。

---

① 彭欣杨. 我国创新药企迎来双重利好［EB/OL］.［2018-03-10］. http://www.pharm1718.com/news/detail-20171030-18704.html.

综上所述,制度具有多面性,既是企业面临的环境,也是企业可以利用的资源,不同制度因素可能直接或通过交互作用影响创新行为,也是企业获取创新利益的重要情境因素。为构建有利于企业创新的制度环境,政府决策制定者应从完善外部约束性正式制度环境、提高企业制度信任、匹配激励性制度支持、降低政治联系等非正式制度影响等方面着力。

参考文献

［1］Aarikka-Stenroos L，Lehtimäki T. Commercializing a radical innovation：Probing the way to the market ［J］. Industrial Marketing Management，2014，43（8）：1372－1384.

［2］Ahlstrom D，Bruton G D，Kuang S Y. Private firms in China：Building legitimacy in an emerging economy ［J］. Journal of World Business，2008，43（4）：385－399.

［3］Almus M，Czarnitzki D. The effects of public R&D subsidies on firms' innovation activities ［J］. Journal of Business & Economic Statistics，2003，21（2）：226－236.

［4］Bachmann R，Gillespie N，Priem R. Repairing trust in organizations and institutions：Toward a conceptual framework ［J］. Organization Studies，2015，36（9）：1123－1142.

［5］Bachmann R，Inkpen A. Understanding institutional-based trust building processes in inter-organizational relationships ［J］. Organization Studies，2011，32（32）：281－301.

［6］Banbury C M，Mitchell W. The effect of introducing important incremental innovations on market share and business survival ［J］. Strategic Management Journal，1995，16（S1）：161－182.

［7］Benner M J，Tushman M L. Exploitation，exploration，and process management：The productivity dilemma revisited ［J］. Academy of Management Review，2003，28（2）：238－256.

［8］Berndt E R，Cockburn I M，Grépin K A. The impact of incremental innovation in biopharmaceuticals ［J］. Pharmacoeconomics，2006，24（2）：69－86.

［9］Chang W，Franke G R，Butler T D，et al. Differential mediating effects of radical and incremental innovation on market orientation-performance relationship：A meta-analysis [J]. Journal of Marketing Theory & Practice, 2014, 22 (3): 235-250.

[10] Cockburn I M, Henderson R M. Absorptive capacity, coauthoring behavior, and the organization of research in drug discovery [J]. Journal of Industrial Economics, 1998, 46 (2): 157-182.

[11] Cook K S. Networks, norms, and trust: The social psychology of social capital [J]. Social Psychology Quarterly, 2005, 68 (1): 4-14.

[12] Cooper R G. Perspective: The stage-gate; idea-to-launch process-update, what's new, and nexgen systems [J]. Journal of Product Innovation Management, 2008, 25 (3): 213-232.

[13] Czarnitzki D, Licht G. Additionality of public R&D grants in a transition economy [J]. Economics of Transition, 2006, 14 (1): 101-131.

[14] David P A, Hall B H, Toole A A. Is public R&D a complement or substitute for private R&D? A review of the econometric evidence [J]. Research Policy, 2000, 29 (4-5): 497-529.

[15] De-Luca L M D, Atuahene-Gima K. Market knowledge dimensions and cross-functional collaboration: Examining the different routes to product innovation performance [J]. Journal of Marketing, 2007, 71 (1): 95-112.

[16] Dunlap-Hinkler D, Kotabe M, Mudambi R. A story of breakthrough versus incremental innovation: Corporate entrepreneurship in the global pharmaceutical industry [J]. Strategic Entrepreneurship Journal, 2010, 4 (2): 106-127.

[17] Ernst H, Hoyer W D, Rübsaamen C. Sales, marketing, and research-and-development cooperation across new product development stages: Implications for success [J]. Journal of Manketsng, 2010, 74 (5):80-92.

[18] Faccio M, Masulis R W, Mcconnell J J. Political connections and corporate bailouts [J]. Social Science Electronic Publishing, 2006, 61 (6): 2597-2635.

[19] Fagerberg J, Mowery D C, Nelson R R. The Oxford handbook of innovation [M]. Oxford: Oxford University Press, 2005.

[20] Feldman M P, Kelley M R. The ex ante assessment of knowledge spillovers: Government R&D policy, economic incentives and private firm behavior [J]. Research Policy, 2006, 35 (10): 1509-1521.

[21] Fisman R. Estimating the value of political connections [J]. American Economic Review, 2001, 91 (4): 1095-1102.

[22] Forés B, Camisón C. Does incremental and radical innovation performance depend on

different types of knowledge accumulation capabilities and organizational size? [J]. Journal of Business Research, 2016, 69 (2): 831–848.

[23] Fuglsang L, Jagd S. Making sense of institutional trust in organizations: Bridging institutional context and trust [J]. Organization, 2015, 22 (1): 23–39.

[24] Gao Y, Gao S, Zhou Y, et al. Picturing firms' institutional capital-based radical innovation under China's institutional voids [J]. Journal of Business Research, 2015, 68 (6): 1166–1175.

[25] García-Morales VJ, Gutiérrez-Gutiérrez L. Transformational leadership influence on organizational performance through organizational learning and innovation [J]. Journal of Business Research, 2012, 65 (7): 1040–1050.

[26] Granovetter M. Economic action and social structure: The problem of embeddedness [J]. American Journal of Sociology, 1985, 91 (3): 481–510.

[27] Guo H, Xu E, Jacobs M. Managerial political ties and firm performance during institutional transitions: An analysis of mediating mechanisms [J]. Journal of Business Research, 2014, 67 (2): 116–127.

[28] Hagen J M, Choe S. Trust in Japanese interfirm relations: Institutional sanctions matter [J]. Academy of Management Review, 1998, 23 (3): 589–600.

[29] Hain D, Johan S, Wang D. Determinants of cross-border venture capital investments in emerging and developed economies: The effects of relational and institutional trust [J]. Journal of Business Ethics, 2014, 138 (4): 1–22.

[30] Hansen M T, Birkinshaw J. The innovation value chain [J]. Harvard Business Review, 2007, 85 (6): 121.

[31] He Z L, Wong P K. Exploration vs. Exploitation: An empirical test of the ambidexterity hypothesis [J]. Organization Science, 2004, 15 (4): 481–494.

[32] Hemmert M, Kim D S, Kim J, et al. Building the supplier's trust: Role of institutional forces and buyer firm practices [J]. International Journal of Production Economics, 2016, 180: 25–37.

[33] Hillman A J, Hitt M A. Corporate political strategy formulation: A model of approach, participation, and strategy decisions [J]. Academy of Management Review, 1999, 24 (4): 825–842.

[34] Hillman A J, Wan W P. The determinants of MNE subsidiaries' political strategies: Evidence of institutional duality [J]. Journal of International Business Studies, 2005, 36 (3): 322–340.

［35］Hottenrott H, Lopesbento C. R&D collaboration and SMEs: The effectiveness of tar-geted public R&D support schemes ［J］. Research Policy, 2014, 43 （6）: 1055-1066.

［36］Hussinger K. R&D and subsidies at the firm level: An application of parametric and semiparametric two-step selection models ［J］. Journal of Applied Econometrics, 2008, 23 （6）: 729-747.

［37］Johnson S, Mitton T. Cronyism and capital control: Evidence from malaysia ［J］. Journal of Financial Economics, 2001, 67 （2）: 351-382.

［38］Khoury T A, Peng M W. Does institutional reform of intellectual property rights lead to more inbound FDI? Evidence from latin america and the caribbean ［J］. Journal of World Business, 2011, 46 （3）: 337-345.

［39］Kim N, Atuahene-Gima K. Using exploratory and exploitative market learning for new product development ［J］. Journal of Product Innovation Management, 2010, 27 （4）: 519-536.

［40］Kotabe M, Jiang C X, Murray J Y. Examining the complementary effect of political networking capability with absorptive capacity on the innovative performance of emer-ging-market firms ［J］. Journal of Management, 2014, 43 （4）: 1131-1156.

［41］Kramer R M. Trust and distrust in organizations: Emerging perspectives, enduring questions ［J］. Annual Review of Psychology, 1999, 50 （50）: 569-598.

［42］Kyriakopoulos K, Hughes M, Hughes P. The role of marketing resources in radical innovation activity: Antecedents and payoffs ［J］. Journal of Product Innovation Man-agement, 2016, 33 （4）: 609-613.

［43］Lane C, Bachmann R. The social constitution of trust: Supplier relations in Britain and Germany ［J］. Organization Studies, 1996, 17 （3）: 365-395.

［44］Lane C. The social regulation of inter-firm relations in Britain and Germany: Market rules, legal norms and technical standards ［J］. Cambridge Journal of Economics, 1997, 21 （2）: 197-215.

［45］Li H, Atuahene-Gima K. The impact of interaction between R&D and marketing on new product performance: An empirical analysis of Chinese high technology firms ［J］. International Journal of Technology Management, 2001, 21 （3）: 216-222.

［46］Li H, Zhang Y. The role of managers' political networking and functional experience in new venture performance: Evidence from China's transition economy ［J］. Strate-gic Management Journal, 2007, 28 （8）: 791-804.

［47］Liu W，Yang H，Zhang G. Does family business excel in firm performance? An institution-based view ［J］. Asia Pacific Journal of Management，2012，29（4）：965-987.

［48］Lu Y，Tsang E W K，Peng M W. Knowledge management and innovation strategy in the Asia Pacific：Toward an institution-based view ［J］. Asia Pacific Journal of Management，2008，25（3）：361-374.

［49］March J G，Olsen J P. Rediscovering institutions：The organizational basis of politics ［M］. New York：Free Press，1989.

［50］March J G. Exploration and exploitation in organizational learning ［J］. Organization Science，1991，2（1）：71-87.

［51］Mcknight D H，Cummings L L，Chervany N L. Initial trust in new organizational relationships ［J］. Academy of Management Review，1998，23（3）：473-490.

［52］Menguc B，Auh S，Yannopoulos P. Customer and supplier involvement in design：The moderating role of incremental and radical innovation capability ［J］. Journal of Product Innovation Management，2014，31（2）：313-328.

［53］Meyer J W，Rowan B. Institutionalized organizations：Formal structure as myth and ceremony ［J］. American Journal of Sociology，1977，83（2）：340-363.

［54］Meyer K E，Estrin S，Bhaumik S K，et al. Institutions，resources，and entry strategies in emerging economies ［J］. Strategic Management Journal，2009，30（1）：61-80.

［55］Meyer K E，Peng M W. Probing theoretically into central and eastern europe：Transactions，resources，and institutions ［J］. Journal of International Business Studies，2005，36（6）：600-621.

［56］Michel S，Brown S W，Gallan A S. An expanded and strategic view of discontinuous innovations：Deploying a service-dominant logic ［J］. Journal of the Academy of Marketing Science，2008，36（1）：54-66.

［57］Möllering G. Foreword ［M］//Shockley E，Neal T M S，Pytlikzillig L M，et al. Interdisciplinary perspectives on trust：Towards theoretical and methodological integration. Switzerland：Springer International Publishing AG，2015.

［58］Nahapiet J，Ghoshal S. Social capital，intellectual capital and the creation of value in firms ［J］. Academy of Management Annual Meeting Proceedings，1997，（3）：35-39.

［59］Noorderhaven N G. Opportunism and trust in transaction cost economics ［M］//Groenewegen J G. Transaction economics and beyond. Dordrecht: Springer, 1996: 105-128.

[60] O'Reilly C A, Tushman M L. Organizational ambidexterity in action: How managers explore and exploit? [J]. California Management Review, 2011, 53 (4): 5-22.

[61] Pavlou P A, Gefen D. Building effective online marketplaces with institution-based trust [J]. Information Systems Research, 2004, 15 (1): 37-59.

[62] Pearce J L, Branyiczki I, Bigley G A. Insufficient bureaucracy: Trust and commitment in particularistic organizations [J]. Organization Science, 2000, 11 (2): 148-162.

[63] Peng M W, Luo Y. Managerial ties and firm performance in a transition economy: The nature of a micro-macro link [J]. Academy of Management Journal, 2000, 43 (3): 486-501.

[64] Peng M W, Sun S L, Pinkham B, et al. The institution-based view as a third leg for a strategy [J]. Academy of Management Perspectives, 2009, 23 (3):63-81.

[65] Peng M W. Institutional transitions and strategic choices [J]. Academy of Management Review, 2003, 28 (2): 275-296.

[66] Piening E P, Salge T O. Understanding the antecedents, contingencies, and performance implications of process innovation: A dynamic capabilities perspective [J]. Journal of Product Innovation Management, 2015, 32 (1): 80-97.

[67] Powell W W, Koput K W, Smith L. Interorganizational collaboration and the locus of learning in biotechnology [J]. Administrative Science Quarterly, 1996, 41 (1): 116-145.

[68] Ritala P, Hurmelinna-Laukkanen P. Incremental and radical innovation in coopetition: The role of absorptive capacity and appropriability [J]. Journal of Product Innovation Management, 2013, 30 (1): 154-169.

[69] Salerno M S, Silva D O D, Bagno R B. Innovation processes: Which process for which project? [J]. Technovation, 2015, 35 (35): 59-70.

[70] Salter AJ, Martin BR. The economic benefits of publicly funded basic research: A critical review [J]. Research Policy, 2001, 30 (3): 509-532.

[71] Sheng S, Zhou K Z, Li J J. The effects of business and political ties on firm performance: Evidence from China [J]. Journal of Marketing, 2011, 75 (1): 1-15.

[72] Shi W, Markóczy L, Stan C. The continuing importance of political ties in China [J]. Academy of Management Executive, 2013, 28 (1): 57-75.

［73］Shu C, Wang Q, Gao S, et al. Firm patenting, innovations, and government institutional support as a double-edged sword ［J］. Journal of Product Innovation Management, 2014, 32 (2): 290-305.

［74］Shu C, Zhou K Z, Xiao Y, et al. How green management influences product innovation in China? The role of institutional benefits ［J］. Journal of Business Ethics, 2016, 133 (3): 471-485.

［75］Sitkin S B, Bies R J. The legalization of organizations ［M］. Thosand Oaks, CA: Sage, 1994.

［76］Six B. A pragmatic contribution for a more reflexive institution-based trust ［J］. Journal of Trust Research, 2014, 4 (2): 132-146.

［77］Smallbone D, Welter F. Conceptualising entrepreneurship in a transition context ［J］. International Journal of Entrepreneurship & Small Business, 2006, 3 (2): 190-206.

［78］Smith M L. Limitations to building institutional trustworthiness through e-government: A comparative study of two e-services in chile ［J］. Journal of Information Technology, 2011, 26 (1): 78-93.

［79］Song X M, Thieme R J, Xie J. The impact of cross-functional joint involvement across product development stages: An exploratory study ［J］. Journal of Product Innovation Management, 1998, 15 (4): 289-303.

［80］Sorescu A B, Chandy R K, Prabhu J C. Sources and financial consequences of radical innovation: Insights from pharmaceuticals ［J］. Journal of Marketing, 2003, 67 (4): 82-102.

［81］Souto JE. Business model innovation and business concept innovation as the context of incremental innovation and radical innovation ［J］. Tourism Management, 2015, 51:142-155.

［82］Spicer A, Okhmatovskiy I. Multiple paths to institutional-based trust production and repair: Lessons from the Russian bank deposit market ［J］. Organization Studies, 2015, 36 (2): 1143-1170.

［83］Stringer R. How to manage radical innovation ［J］. California Management Review, 2000, 42 (4): 70-88.

［84］Su Z, Peng M W, Xie E. A strategy tripod perspective on knowledge creation capability ［J］. British Journal of Management, 2016, 27 (1): 58-76.

［85］Sun P, Mellahi K, Wright M, et al. Political tie heterogeneity and the impact of ad-

verse shocks on firm value [J]. Journal of Management Studies, 2015, 52 (8):
1036-1063.

[86] Szczygielski K, Grabowski W, Pamukcu M T, et al. Does government support for private innovation matter? Firm-level evidence from two catching-up countries [J]. Research Policy, 2017, 46 (1): 219-237.

[87] Tan J. Innovation and risk-taking in a transitional economy [J]. Journal of Business Venturing, 2001, 16 (4): 359-376.

[88] Tan J. Regulatory environment and strategic orientations in a transitional economy: A study of Chinese private enterprise [J]. SSRN Electronic Journal, 2010, 21 (1): 31-46.

[89] Tushman M L, Anderson P. Technological discontinuities and organizational environments [J]. Administrative Science Quarterly, 1986, 31 (3): 439-465.

[90] Tushman M L, O' Reily C A. Ambidextrous organizations: Managing evolutionary and revolutionary change [J]. California Management Review, 1996, 38 (4): 8-30.

[91] Utterback J M. The process of technological innovation within the firm [J]. Academy of Management Journal, 1971, 14 (1): 75-88.

[92] Wallsten S J. The effects of government-industry R&D programs on private R&D: The case of the small business innovation research program [J]. Rand Journal of Economics, 2000, 31 (1): 82-100.

[93] Wang C L, Chung H F L. The moderating role of managerial ties in market orientation and innovation: An asian perspective [J]. Journal of Business Research, 2013, 66 (12): 2431-2437.

[94] Wang D, Du F, Zhou KZ. The crowding-out effects of political ties on market capabilities: Evidence from China [C]. The 76th Annual Meeting of the Academy of Management (AOM 2016). Anaheim, CA. 2016.

[95] Wang H K, Tseng J F, Yen Y F. How do institutional norms and trust influence knowledge sharing? An institutional theory [J]. Innovation, 2014, 16 (3): 374-391.

[96] Wei J, Liu Y. Government support and firm innovation performance: Empirical analysis of 343 innovative enterprises in China [J]. Chinese Management Studies, 2015, 9 (1): 38-55.

[97] Welter F. All you need is trust? A critical review of the trust and entrepreneurship

literature [J]. International Small Business Journal, 2012, 30 (3): 193-212.

[98] Wu H, Chen J, Jiao H. Dynamic capabilities as a mediator linking international diversification and innovation performance of firms in an emerging economy [J]. Journal of Business Research, 2016, 69 (8): 2678-2686.

[99] Wu J, Li S, Li Z. The contingent value of ceo political connections: A study on IPO performance in China [J]. Asia Pacific Journal of Management, 2013, 30 (4): 1087-1114.

[100] Wu J. Asymmetric roles of business ties and political ties in product innovation [J]. Journal of Business Research, 2011, 64 (11): 1151-1156.

[101] Wuyts S, Dutta S, Stremersch S. Portfolios of interfirm agreements in technology-intensive markets: Consequences for innovation and profitability [J]. Journal of Marketing, 2004, 68 (2): 88-100.

[102] Xin J Y, Yeung A C L, Cheng T C E. Radical innovations in new product development and their financial performance implications: An event study of us manufacturing firms [J]. Operations Management Research, 2008, 1 (2): 119-128.

[103] Xin K R, Pearce J L. Guanxi: Connections as substitutes for formal institutional support [J]. Academy of Management Journal, 1996, 39 (6): 1641-1658.

[104] Xu S, Fang W, Cavusgil E. Complements or substitutes? Internal technological strength, competitor alliance participation, and innovation development [J]. Journal of Product Innovation Management, 2013, 30 (4): 750-762.

[105] Yi Y, Li Y, Hitt M A, et al. The influence of resource bundling on the speed of strategic change: Moderating effects of relational capital [J]. Asia Pacific Journal of Management, 2016, 33 (2): 435-467.

[106] Zhang J, Tan J, Wong P K. When does investment in political ties improve firm performance? The contingent effect of innovation activities [J]. Asia Pacific Journal of Management, 2015, 32 (2): 363-387.

[107] Zhou K Z, Gao G Y, Zhao H. State ownership and firm innovation in China: An integrated view of institutional and efficiency logics [J]. Administrative Science Quarterly, 2017, 62 (2): 1-30.

[108] Zhou K Z, Li C B. How knowledge affects radical innovation: Knowledge base, market knowledge acquisition, and internal knowledge sharing [J]. Strategic Management Journal, 2012, 33 (9): 1090-1102.

[109] Zhou K Z, Poppo L. Exchange hazards, relational reliability, and contracts in Chi-

na：The contingent role of legal enforceability ［J］. Journal of International Business Studies, 2010, 41 (5)：861-881.

［110］Zhu H, Chung C N. Portfolios of political ties and business group strategy in emerging economies：Evidence from Taiwan ［J］. Administrative Science Quarterly, 2014, 59 (4)：599-638.

［111］Zhu P, Xu W, Lundin N. The impact of government's fundings and tax incentives on industrial R&D investments：Empirical evidences from industrial sectors in shanghai ［J］. China Economic Review, 2006, 17 (1)：51-69.

［112］Zucker L G. Production of trust：Institutional sources of economic structure, 1840-1920 ［J］. Research in Organizational Behavior, 1986, 8 (2)：53-111.

［113］安同良，周绍东，皮建才. R&D 补贴对中国企业自主创新的激励效应 ［J］. 经济研究, 2009, (10)：87-98.

［114］曾萍，邬绮虹，蓝海林. 政府的创新支持政策有效吗:基于珠三角企业的实证研究 ［J］. 科学学与科学技术管理, 2014, 35(4)：10-20.

［115］陈玲，杨文辉. 政府研发补贴会促进企业创新吗:来自中国上市公司的实证研究 ［J］. 科学学研究, 2016, 34(3)：433-442.

［116］房莉杰. 制度信任的形成过程:以新型农村合作医疗制度为例 ［J］. 社会学研究, 2009, (2)：130-148.

［117］付玉秀，张洪石. 突破性创新:概念界定与比较 ［J］. 数量经济技术经济研究, 2004, 21(3)：73-83.

［118］高山行，李宁娟，舒成利. 制度反应战略对制度利益和新产品绩效的影响研究 ［J］. 华东经济管理, 2016, 30(11)：1-8.

［119］何可，张俊飚，张露，等. 人际信任、制度信任与农民环境治理参与意愿:以农业废弃物资源化为例 ［J］. 管理世界, 2015, (5)：75-88.

［120］简兆权，陈键宏，王晨. 政治和商业关联、知识获取与组织创新关系研究 ［J］. 科研管理, 2014, 35(10)：17-25.

［121］江雅雯，黄燕，徐雯. 市场化程度视角下的民营企业政治关联与研发 ［J］. 科研管理, 2012, 33(10)：48-55.

［122］克劳福德，贝尼迪托. 新产品管理 ［M］. 大连：东北财经大学出版社, 2012.

［123］李宁娟，高山行. 印度仿制药发展的制度因素分析及对我国的借鉴 ［J］. 科技进步与对策, 2016, 33(19)：47-53.

［124］李先江. 服务业绿色创业导向、低碳创新和组织绩效间关系研究 ［J］. 科学学与科学技术管理, 2012, 33(8)：36-43.

[125] 李晓冬, 王龙伟. 市场导向、政府导向对中国企业创新驱动的比较研究 [J]. 管理科学, 2015, 28(6): 1-11.

[126] 连军, 刘星, 杨晋渝. 政治联系、银行贷款与公司价值 [J]. 南开管理评论, 2011, 14(5): 48-57.

[127] 梁建, 樊景立. 理论构念的测量 [M]//陈晓萍, 徐淑英, 樊景立. 组织与管理研究的实证方法(第二版). 北京: 北京大学出版社, 2012.

[128] 林海芬, 苏敬勤. 高端汽车产品创新系统模型构建:技术能力与组织能力的整合 [J]. 科研管理, 2016, 37(8): 37-47.

[129] 林丽, 张建新. 人际信任研究及其在组织管理中的应用 [J]. 心理科学进展, 2002, 10(3): 322-329.

[130] 林亚清, 赵曙明. 基于战略柔性与技术能力影响的制度支持与企业绩效关系研究 [J]. 管理学报, 2014, 11(1): 46-54.

[131] 刘鑫, 蒋春燕. 政治和商业网络关系与企业探索式创新:一个整合模型 [J]. 经济管理, 2016, (8): 68-81.

[132] 马连福, 曹春方. 制度环境、地方政府干预、公司治理与 IPO 募集资金投向变更 [J]. 管理世界, 2011, (5): 127-139.

[133] 聂鸣, 曾赤阳, 丁秀好. 不同政府科技资助与区域 R&D 产出的关系研究 [J]. 科学学研究, 2014, 32(10): 1468-1475.

[134] 邵云飞, 詹坤, 汪腊梅. 中国医药产业创新效率的 bcc-malmquist 时空差异研究 [J]. 科研管理, 2016, 37(4): 32-39.

[135] 唐青青, 谢恩, 梁杰. 知识库与突破性创新:关系嵌入强度的调节 [J]. 科学学与科学技术管理, 2015, 36(7): 21-29.

[136] 王永健, 谢卫红. 转型环境下管理者关系对企业绩效的影响研究 [J]. 管理科学, 2015, 28(6): 39-49.

[137] 吴爱华, 苏敬勤. 人力资本专用性、创新能力与新产品开发绩效:基于技术创新类型的实证分析 [J]. 科学学研究, 2012, 30(6): 950-960.

[138] 吴剑峰, 杨震宁. 政府补贴、两权分离与企业技术创新 [J]. 科研管理, 2014, 35(12): 54-61.

[139] 肖丁丁, 朱桂龙, 王静. 政府科技投入对企业 R&D 支出影响的再审视:基于分位数回归的实证研究 [J]. 研究与发展管理, 2013, 25(3): 25-32.

[140] 肖虹, 洪琳琳. 转轨经济环境下 R&D 投资的政策激励效应:基于行业分析视角 [J]. 当代会计评论, 2013, 6(1): 20-39.

[141] 谢言, 高山行, 江旭. 外部社会联系能否提升企业自主创新:一项基于知识创

造中介效应的实证研究 [J]. 科学学研究, 2010, 28(5): 777-784.

[142] 许庆瑞, 吴志岩, 陈力田. 转型经济中企业自主创新能力演化路径及驱动因素分析:海尔集团 1984—2013 年的纵向案例研究 [J]. 管理世界, 2013, (4): 121-134.

[143] 杨德伟, 汤湘希. 政府研发资助强度对民营企业技术创新的影响:基于内生性视角的实证研究 [J]. 当代财经, 2011, (12): 64-73.

[144] 杨中芳, 彭泗清. 中国人人际信任的概念化:一个人际关系的观点 [J]. 社会学研究, 1999, (2): 3-23.

[145] 余泳泽. 政府支持、制度环境、FDI 与我国区域创新体系建设 [J]. 产业经济研究, 2011, (1): 47-55.

[146] 张春辉, 陈继祥. 两种创新补贴对创新模式选择影响的比较分析 [J]. 科研管理, 2011, 32(8): 9-16.

[147] 张婧, 段艳玲. 市场导向对创新类型和产品创新绩效的影响 [J]. 科研管理, 2011, 32(5): 68-77.

[148] 张维迎. 信息、信任与法律 [M]. 北京: 三联书店, 2003.

[149] 赵学锋, 陈传红, 申义贤. 网站制度对消费者信任影响的实证研究 [J]. 管理学报, 2012, 9(5): 715-722.

[150] 郑也夫. 信任论 [M]. 北京: 中信出版社, 2015.

[151] 邹国庆, 倪昌红, 贺胜德. 基于制度信任的企业间知识共享意愿 [J]. 吉林大学社会科学学报, 2010, (6): 104-110.